Peter Michel

Das große Buch der Schutzengel

PETER MICHEL

DAS GROSSE BUCH DER SCHUTZENGEL

tosa

Bilder im Bildteil von Sulamith Wülfing
Umschlag von Joseph Koó

Druck: Ueberreuter Print

KAPITEL 1

Flower A. Newhouse

Die Engel in den biblischen Schriften

Alle Kirchen und Konfessionen, die das Christentum repräsentieren, sollten nach einem besseren Verständnis dieses herrlichen Reiches suchen, da auf so vieles, die Besucher von höheren Welten betreffend, in der Bibel hingewiesen wird. In fast der Hälfte der sechsundsechzig Bücher unserer modernen Bibel werden Engel erwähnt.

Man braucht nur ein paar dieser Stellen zu betrachten, um zu zeigen, wie uneingeschränkt die Hilfe und Ratschläge der Engel anerkannt wurden. Im 16. Kapitel der Genesis wird Hagar von einem Boten Gottes geholfen. In ihrer Verlegenheit, aus dem Hause von Sara und Abraham zu fliehen oder zu bleiben, wird ihr geraten, zu ihrer Herrin zurückzukehren. Sie gehorcht der Eingebung des Engels und ihr Sohn Ismael wird geboren, der allgemein als Vorfahre der arabischen Völker anerkannt wird.

Im 2. Kapitel des Buches der Richter lesen wir, wie ein Engel des Herrn nach Bochim kam und zu den Führern der Kinder Israels sprach: „Ich habe euch aus Ägypten heraufgeführt und in das Land gebracht, das ich euren

Vätern geschworen habe, und sprach, ich wollte meinen Bund mit euch nicht brechen ewiglich.“ (Richter 2,1.)

Der Prophet und Richter Gideon sprach voller Ehrfurcht: „Ich habe den Engel des Herrn von Angesicht zu Angesicht gesehen.“ (Richter 6,22.) Diese Begegnung geschah zu einer Zeit, in der Gideon weisen Rat für sein Amt benötigte und auch erhielt, um sein heimatloses Volk, die Israeliten, zu leiten.

Ein himmlischer Bote ermutigte Elias von Zeit zu Zeit, um seinen Glauben zu festigen, mit dem Erfolg, dass seine Bedürfnisse immer befriedigt wurden, egal, ob es sich um ein einfaches Mahl und Öl (1. Könige 17) oder um Schutz vor einem vorzeitigen Tod durch die Hand der Königin Isabel handelte (1. Könige 19).

Von außergewöhnlicher Schönheit und tiefer Wahrheit ist die Begebenheit des Elisa und seiner unsichtbaren Helfer gekennzeichnet, nachdem Elisa den „Mantel der Verantwortung“ umgelegt bekam. Er und sein treuer Diener sind von allen Seiten von gegnerischen Parteien umlagert. Verzweifelt beschwört der junge Diener Elisa: „O weh, mein Meister! Was wollen wir nun tun?“ Und Elisa antwortet: „Fürchte dich nicht, denn derer sind mehr, die bei uns sind, als derer, die bei ihnen sind.“ Und Elisa betete und sprach: „Herr, öffne ihm die Augen, dass er sehe.“ Da öffnete der Herr dem Diener die Augen (Die geistige Schau, *Flower A. Newhouse*), dass

er sehe, und siehe, da war der Berg voll feuriger Rosse und Wagen um Elisa her (2. Könige 6,15–17). Ornan wurde durch einen ähnlichen Besucher beraten (1. Chronik 21). Da er die Gabe der Hellsichtigkeit besaß, erblickte Oman den Engel, welcher David während der unruhigen Zeiten inspirierte, einen Altar der Verehrung des Herrn an der Grenze seines friedlichen Reiches zu errichten.
Der Erzengel Gabriel prophezeite dem Hohepriester Zacharias, dass er und seine Frau Elisabeth einen Sohn bekommen würden, Johannes den Täufer, den Wegbereiter des Messias (Luk. 1).
Allgemein bekannt ist im selben Kapitel der Besuch Gabriels bei Maria, der Mutter des Herrn. Die Erdenwege von Jesus von Nazareth wurden von der Geburt bis zur Prüfung durch das Kreuz von unsichtbaren Helfern begleitet. In Math. 4 befindet sich ein Bericht über die Engel, die kamen, um unserem Herrn beizustehen, nachdem er die schwere Prüfung der Versuchung bestanden hatte, die eine Initiation darstellte. Seine göttlichen Freunde waren auch am Morgen seiner Auferstehung anwesend, um den Stein, der das Grab verschloss, wegzurollen. Später befreiten die Engel Petrus und Paulus aus dem Gefängnis. Philipus wurde von den Strahlenden der Weg für seine Reise genannt. Es war ein Engel, der Cornelius mitteilte, wo seine Diener Petrus finden würden.

In der Offenbarung werden die Abstufungen der Engelhierarchie und deren Einweihungen von Johannes beschrieben.
Die drei Haupteinteilungen in der Evolution der Engel lassen sich wie folgt kennzeichnen:

I. Die Wolke der schweigenden Zeugen vor dem Thron
 – *Seraphim, Cherubim und Throne*

II. Die fortgeschrittenen Reihen
 – *Herrschaften, Mächte, Gewalten, Fürstentümer*

III. Die Reihen der Engel
 – *Erzengel, Engelfürsten, die Engel mit besonderen Aufgaben*

Wir wollen einen Teil der Arbeit jeder dieser Gruppen von Helfern betrachten.

Die *Seraphim,* flammende, von der göttlichen Liebe beseelte Wesen, stehen für das Feuer heftiger Begeisterung. Die ersten der seraphischen Heerscharen weihen ihre Invokationen der Herrlichkeit des Ewigen Schöpfers. Die am weitesten entwickelten Wesen vermögen uns nur ein Symbol von sich zu vermitteln. Daher finden wir in der Literatur und Malerei die Anwesenheit eines Seraphim symbolisch durch ein junges Gesicht mit sechs Flügeln an jeder Seite veranschaulicht.

Diese Anbetenden, die den Höchsten Ewigen Einen direkt umgeben, meditieren unentwegt voller Liebe über Seine unaussprechliche Herrlichkeit – daher ihr Name, Seraph, der von der hebräischen Wurzel her „Liebe" bedeutet, in dem Sinne, dass Liebe eine verzehrende Flamme reiner Anbetung darstellt. Von ihrem erhabenen Stand aus lassen die Seraphim die zauberhaftesten Töne im Einklang mit den unermesslichen Scharen erklingen, deren Lobpreisungen die „Sphärenmusik" erzeugen. Immer wenn wir das Bedürfnis verspüren, die glühende Liebe zu Gott in unserer Hingabe auszudrücken, wird uns die Erinnerung an den unablässigen Eifer der Seraphim helfen, unsere eigene Anbetung zu verstärken.

Die *Cherubim,* von denen uns Künstler ebenfalls nur Symbole vermittelt haben, meditieren über die Weisheit Gottes und strahlen diese Weisheit aus. In ihnen schwingt der Geist der Wahrheit, der alle Bemühungen auf Erden umhüllt, sodass alle lebenden Wesen nach größerem Wachstum zu streben vermögen.
Oftmals werden Cherubim durch ein schönes Antlitz mit vier Flügeln auf jeder Seite, bedeckt mit Augen, dargestellt. Dies kennzeichnet die Fülle des Wissens von der Weisheit Gottes. Ein Teil ihrer Arbeit besteht in der Unterstützung der Mission des Hl. Geistes (des Geistes der Wahrheit). In unseren Gedanken, die den Hl. Geist

betreffen, sollten wir in Zukunft beachten, dass die Cherubim ihre Kraft für die Aufgaben dieses dritten Aspektes der Dreifaltigkeit, des Geistes der Wahrheit, geben.

Die *Throne* verwalten die Richtsprüche des höchsten Geistes. Sie erschaffen gewissermaßen die geistigen Gesetze der höchsten Heerscharen. Sie erfüllen ihre Pflicht mit besonderer Hingabe und belehren die Herrschaften, wie ihre Pläne zu ordnen und zu verwirklichen sind. In der Kunst werden die Throne manchmal als geflügelte Fersen voller Augen dargestellt. Sie verfügen über eine starke geistige Anziehungskraft, die letztlich jeden Pilger in jedem Reich zu seiner wahren Bestimmung führen wird – der Einheit mit dem Ewigen Geist.

Die *Herrschaften* wirken im Wesentlichen als Verwalter des Willens der Throne und werden häufig durch ein flammendes Schwert abgebildet. Pläne und Anweisungen zur Entfaltung neuen Lebens entstehen zuerst in den Ebenen der Herrschaften.

Die *Mächte* sind Wesen, die eine hohe spirituelle Reinheit und Aktivität verkörpern. Die frühen Christen glaubten, dass göttliche Gnade und Wunder unter der Rechtsprechung dieser erhabenen Intelligenzen geschahen. Ein flammender Pfeil dient gelegentlich zur Darstellung der Mächte. Sie führen das aus, was von den Herrschaften festgesetzt wurde. Die Meditation über das stete, unermüdliche Wirken der Mächte sollte uns mit dem Willen erfüllen, an unserer menschlichen Vervollkommnung weiterzuarbeiten. Die „Engel des Gebetes" arbeiten unter der Führung und Inspiration dieser zahllosen Heerscharen und werden einmal den Rang der Mächte einnehmen.

Die *Gewalten* leisten alle Bestrebungen, die auf geistige Ziele ausgerichtet sind, und helfen, Störungen und Widerstände zu überwinden. Sie greifen das Böse an und ziehen mit ihren mächtigen Lichtschwingen einen Kreis um Gottes Plan (offenbart von den Thronen).
Der hl. Gregor glaubte, dass die Gewalten für die Überprüfung der gegensätzlichen Kräfte verantwortlich waren; was vielleicht den Grund für ihre Symbolisierung durch Blitze in der Kunst des Mittelalters gab. Die Gewalten wachen über das Gesetz von Ursache und Wirkung. Unter diesen Erhabenen vollziehen die Engel der Geburt und des Todes das Recht Gottes auf jeder Ebene. Der Erzengel Michael und seine Scharen sind unter die geistige Führung dieser Wesen zu zählen. In Wagners Oper „Die Walküre" verkörpert die Gestalt der Brunhilde eine Repräsentantin dieser Art von Engel.

Die *Fürstentümer* üben die Macht über Nationen, Regierungen, Königshäuser, Führer und Weltdiener aus. Sie befähigen die Nationen, ihre göttlichen Gaben zu verwirklichen, mit der jede Nation individuell ausgestattet ist. Sie überwachen oder bestimmen nicht unmittelbar die Politik einer Nation, sondern nur ihre humanitären Bestrebungen und ihre jeweilige Kultur. Auch die Hüter bedeutender Bewegungen, Rassen und Nationen sind unter die Fürstentümer zu zählen. Hohe Engel, verantwortlich für die verschiedenen Religionen (und auch die Engel der Nationen), gehören dieser Linie an. Die römischen Penaten wären dieser heiligen Gruppe zuzuordnen.

Die *Erzengel* aller heiligen Schriften der Welt werden in gleicher Weise respektiert als weit fortgeschrittene Botschafter, die bestrebt sind, Missionen zu erfüllen, die ihnen von ihrem göttlichen Schöpfer anvertraut wurden. Fortwährend erhalten sie Gaben himmlischer Energie, mit der sie ihre Aufgaben bewältigen. Erzengel sind außerordentlich hoch entwickelte Wesen und könnten in jedem Rang der beschriebenen Reihen stehen. Sie wählten jedoch, Vermittler zwischen den höheren Sphären, den Engeln und den Menschen zu sein. Daher stehen die Erzengel an der Spitze der Engelscharen.
Die bekanntesten Erzengel der Hl. Schriften sind Michael, Gabriel, Raphael und Uriel. Der hl. Michael, eine Verkörperung der Gewalten, widmet sich oft der

Läuterung von Personen, Gruppen oder Orten von Zwietracht und Disharmonie. Oftmals wird er als kämpferische Gestalt dargestellt. In besonderen Fällen wurde er als weißgekleidetes Wesen, das ein paar Waagschalen hält, geschaut. Beständig greift er das Böse an und fordert jene heraus, die in falsches Handeln verstrickt sind, um ihre Motive und Energien in Gott geweihte Kanäle zu leiten. – Auch der hl. Christophorus ist eine fortgeschrittene Seele, deren Bemühungen um die Menschheit unter die Obhut der Gewalten fällt.

Einer der vollständigsten Berichte über die Erdenmission des Erzengels Michael findet sich in dem nur wenig bekannten apokryphen „Testament des Abraham". Es handelt von der Weigerung des edlen Patriarchen, die Erde zu verlassen, ohne das Mysterium von Geburt und Tod erforscht zu haben. Mit Michael als Führer überschaut er die Evolution des Lebens auf den vielen verschiedenen Ebenen, eingeschlossen die höheren, himmlischen Sphären des Seins.

Der Erzengel Gabriel wird häufig mit einer Lilie, einem Olivenzweig oder einer Fackel in den Händen porträtiert. Jedes Teil steht symbolisch für die Arbeit, mit der er dient. Die religiöse Literatur beschreibt ihn als Verkünder großer Aufgaben oder geistiger Anweisungen an auserwählte Erdenbewohner wie Maria, Zoroaster und Mohammed, sowie für zahlreiche andere, die als Werkzeuge für den göttlichen Plan wirken sollten. Die heiligen Bücher betonen den treuen Dienst dieser großen Wesen an der Menschheit.

Der Erzengel Raphael ist der berufene Hüter der schöpferischen Talente, die jenen Würdigen anvertraut werden, deren Aufgabe es dann ist, Schönheit durch die Künste zu enthüllen. Zusätzlich wird dieser Große oft mit Heilungsmissionen in Verbindung gebracht, wie in der faszinierenden Geschichte von Tobit in den Apokryphen erwähnt. Tobit, ein wohlhabender und frommer Mann, wird von Blindheit und Armut heimgesucht. Seine größten Sorgen gelten natürlicherweise seiner Frau und seinem Sohn Tobias. Tobit, dessen rechtschaffenes Leben eine Antwort auf seine aufrichtigen Gebete ermöglicht, wird durch die weise und rechtzeitige Hilfe des Erzengels Raphael in Gestalt eines unbekannten Fremden geheilt. „Und Raphael wurde gesandt, um sie beide zu heilen; um die Trübe von seinen Augen zu nehmen und um Sara Tobias zur Frau zu geben.“ (Tobit 3,17.)

Der Erzengel Raphael lenkt auch die Ströme der Heilenergien und unterweist die Heilungsengel im Gebrauch der heilenden Strahlen. Er arbeitet nicht mit Einzelnen, sondern lenkt seine geistigen Ströme in Krankenhäuser und Einrichtungen, in denen seine heilenden Kräfte benötigt werden. Der Wanderstab, die Leier oder die zur Heilung ausgestreckten Hände kennzeichnen die Segnungen des Erzengels Raphael.

Der Erzengel Uriel ist der Alchemist, der jenen zur Erneuerung Kräfte enthaltende Ideen schenkt, die, wenn krank, entmutigt oder erfolglos, erkennen müssen, wie sie ihre Ziele konstruktiv mit erneuter Hingabe zu erreichen vermögen.
Ein Beispiel für diese große göttliche Hilfe findet sich im apokryphen „Zweiten Buch Esdras". Esdras, ein gottesfürchtiger Israelite, ist sehr beunruhigt über den Zustand seiner heimatlosen Mitbrüder. Er wird über lange Zeit durch die enge Verbindung mit einem Wesen belehrt, das sich schließlich als Uriel zu erkennen gibt. Im Folgenden gibt Esdras die tiefe Weisheit über kosmische und ewige Wahrheiten wieder, die ihm durch den Erzengel zuteil wurde. Einen Einblick in die Ehrfurcht und Demut, geboren aus wahrem Wissen, die diese Großen kennzeichnet, gewährt die Antwort Uriels auf die menschliche Frage Esdras: „Wie und wann werden diese Dinge geschehen? Werde ich zu der Zeit noch leben? Was für ein Schicksal erwartet die Erde in diesen zukünftigen Tagen?" Darauf erwidert Uriel: „Ich kann dir von den wesentlichen Ereignissen Botschaft bringen, doch was dein Leben betrifft, so bin ich nicht gesandt worden, um dir jenes zu offenbaren – denn ich weiß es nicht." (Esdras 4.)
Uriel wird auch mit der Kunst, besonders mit der Musik, in Verbindung gebracht. Eine weitere erwähnenswerte Überlieferung findet sich in den Berichten, die ihn als

den geistigen Meister des Weltenlehrers Rama, 10.000 v. Chr., ausweisen. Mit welch langem und geduldigem Dienst er die Menschheit beschenkt hat!
Der Name „Engel" bezeichnet ein Wesen, das Erleuchtung erlangt hat und daher fähig ist, das Licht Gottes in alle Gebiete und unter alles Leben auszustreuen, welches Gott geschaffen hat – sofern es weniger weit entwickelt ist als er selbst. Die vielfältigen Unterteilungen der Arbeiten der Engel sind zu zahlreich, um sie alle zu benennen. Viele betreffen spirituelle Aktivitäten, zu denen der Mensch keinen Zugang besitzt.
In den Reihen der Engelhelfer befinden sich ungezählte geistige Diener, unter ihnen die Engel von Geburt und Tod. Im Tod begegnen wir jenen Engeln, die für das Zertrennen des Silberbandes verantwortlich sind. Diese sind hochentwickelte Wesen aus den Reihen der Gewalten. Ihr Mitgefühl und ihre Güte erfüllt die menschliche Seele mit Vertrauen und dem Willen, die Pfade in höhere Sphären einzuschlagen. Für lange Zeit (im Maßstab der Erdenjahre) verharrt die menschliche Seele, die die vierte und fünfte Dimension erlebt hat, in einem Zustand der Beschaulichkeit. Langsam beginnt sie dann zu erkennen, dass sie wieder in die äußere, dreidimensionale Welt zurückkehren muss, bis sie diese bemeistert hat. Aus diesem Grund werden langsam und sorgfältig Pläne für ein neues Leben entwickelt. Während dieser Phase der Ruhe ist ein menschliches Wesen aufnahme-

fähig für Eingebungen höherer Wesen, die es sonst nicht einmal intuitiv wahrzunehmen vermag. Die „Engel des Karmas" zeichnen dann die Umrisse des kommenden Lebens vor. Wie schon erwähnt, führen die Gewalten, die über das Gesetz der Ursache und Wirkung wachen, mit absoluter Gerechtigkeit Gottes unwandelbares Gesetz aus. Sie übergeben jenen Engelhelfern besondere Aufgaben, die nur mitfühlende und gotterfüllte Wesen fehlerlos auszuführen fähig sind.

Schutzengel. – Die Engel, mit denen wir am ehesten in Kontakt kommen, bewusst oder unbewusst, sind die Schutzengel. Jedes menschliche Wesen steht unter der Beobachtung einer bestimmten Gruppe von Schutzwesen, jedoch zieht der Mensch die Patenschaft eines einzelnen Schutzengels erst dann an, wenn er nach spirituellem Wachstum strebt.

Die Aufgabe eines Schutzengels wird von Jesus in Matth. 18,10 illustriert, wenn Er von den Kindern sagt: „Sehet zu, dass ihr keines dieser Kleinen verachtet. Denn ich sage euch, ihre Engel im Himmel schauen allezeit das Angesicht meines Vaters im Himmel."

Dieses Schutzwesen, welches immer einen weiblichen Aspekt verkörpert, wird zum Lehrer des Emporstrebenden und ersten Initiators über viele schwere Prüfungen hinweg, während spirituelle Reife gewonnen wird. Zum vollkommenen Schutz und wahrhafter innerer Entwicklung benötigt der Mensch mehr denn je die Ausrichtung in liebevollen Gedanken der Verehrung auf die Obhut der Engel. Um mit ihnen in Verbindung zu kommen, bedürfen die Gedanken, Taten und Vorsätze der Läuterung. Eines kann der Strebende sicher sein – je weiter er im spirituellen Bewusstsein reift, umso mehr wird er in die Gemeinschaft mit den Heerscharen der Engel einbezogen.

Während Gottesdiensten, wenn sich Gruppen zu ehrfurchtsvollen Andachten zusammengefunden haben, sind die „Engel der Religionen" anwesend. Sie sind eifrig beschäftigt mit den von einzelnen ausstrahlenden Gedankenformen und mit den spirituellen Wellen, die durch die Hymnen, Gebete, Meditationen und Zeremonien geschaffen werden. Die „Engel der Religionen" tauchen in diese Wellen ein und richten starke geistige Strahlungen auf jene Personen, die eines besonderen Beistandes bedürfen. Jede ernsthafte Gruppe, die den Namen Gottes ausspricht, wirkt wie ein Leuchtfeuer, das Engel anzieht, die helfen, das Band der Gemeinschaft zwischen Gott und den aufstrebenden menschlichen Seelen zu kräftigen.

Man sollte nicht verwirrt sein, wenn man sich die oft wiederholte Wahrheit ins Gedächtnis ruft – jede Hilfe, die der Mensch erhält, stammt von Gott, sei sie nun durch Engel oder Menschen übermittelt. Während die Menschheit einerseits empfänglich dafür ist, zu „Anbetern von Idolen" zu werden, besitzt sie andererseits das Vermögen, Wissen von der Wirklichkeit der Engel zu empfangen und gleichermaßen zu erkennen, dass zuerst Verehrung, Liebe und Hingabe auf die allgegenwärtige göttliche Gegenwart zu richten ist. Es ist daher notwendig, sich der reinen Heerscharen bewusst zu werden, die den Menschen umgeben, um durch die Achtung von ihnen und ihrem Wirken die Erkenntnis von Gottes allumfassenden Lebenswellen zu erweitern.

Wenn wir die Suche nach Wahrheit zu unserer lebenslangen Aufgabe erheben, wird sie für uns zu einer sich ständig erweiternden Erleuchtung, durch die wir der lebendigen Unendlichkeit Gottes gewahr werden können. Wenn wir weise und offen sind, wird die göttliche Wirklichkeit immer offene Tore in unserem Bewusstsein finden, durch die der „Ozean der Wahrheit" mit erneuernder und stärkender Lebenskraft einzufließen vermag.

„Ewiger Gott, der Du den Dienst der Engel und
Menschen
auf wundervolle Weise eingesetzt und geordnet hast,
gib voller Güte, dass Deine heiligen Engel
immerwährend
Dir in den Sphären dienen, damit auf Dein

Wort hin sie uns auf Erden beistehen und schützen mögen, durch Jesus Christus unseren Herrn."

(Aus einer Kirchenlitanei)

KAPITEL 2

Geoffrey Hodson

Engelscharen und ihr Dienst an der Menschheit

Die in diesem Kapitel benutzte Bezeichnung Logos bedeutet eine göttliche Wesenheit, allgegenwärtig, als universale, energiespendende Kraft, innewohnendes Leben und lenkende Intelligenz innerhalb der Substanz aller Wesen und Dinge. Diese Wesenheit manifestiert sich im gesamten solaren System als göttliches Gesetz, göttliche Macht, Weisheit, Liebe und Wahrheit, als Schönheit, Gerechtigkeit und Ordnung. Der Logos ist die manifestierte Gottheit, die das schöpfende Wort spricht, durch welches Universen zu Sein und Leben erwachen. Dieser spirituelle Schöpfer ist beides, immanent und transzendent in Bezug auf sein System[1]).

Zum Zeitpunkt einer zyklischen Periode, wenn die Emanation eines Universums stattfindet, erheben sich zwei genau festgelegte existierende Ordnungen. Sie manifestieren sich ganz konkret auf Ebenen, die jenseits derjenigen liegen, auf der alles eins ist. Einerseits mani-

1) Näheres zu Logos und Gottheit siehe in meinem Buch „Die Engel und die Entwicklung des Lebens", Edition Adyar, Grafing 2004, Kap. 1.

festiert sich der Logos als Hierarchie von Wesen, andererseits gießt er[2]) logoische Kraft sowie logoisches Leben und Bewusstsein als eine nie endende, treibende Kraft zur Entfaltung aus. Jene Hierarchien sind dazu bestimmt, im Verlaufe ihrer eigenen Entwicklung zwei eng miteinander verbundenen Prozessen beizustehen, der logoischen Manifestation, die die Gesamtheit eines werdenden Universums erfasst, sowie der fortwährenden Entwicklung zu größeren und reicheren Stufen von Bewusstsein und Gestaltung. Auf diese Weise existiert im Herzen eines jeden Universums diese zweifache göttliche Manifestation als universale Macht. Sie wirkt auf den äußeren Ebenen als nicht zu widerstehende „Beharrlichkeit", aktiv in unaufhörlicher Entfaltung und Entwicklung. Letzteres ist die Domäne der Erzengel- und Engel-Hierarchien und sichert auf jeder Stufe die kontinuierliche Erfüllung derartiger Evolutionsabläufe, vom Leben im Submineralen bis hin zur höchsten spirituellen Ebene. Dies ist ihre Arbeit bzw. logoische Mission.

Engel, im Sanskrit Devas manchmal auch Götter genannt, sind hierarchische Ordnungen von Intelligenzen, die sich vom Menschen in diesem solaren System ziemlich unterscheiden. Sie waren jedoch weder Men-

---

[2]) Das Maskulin-Pronomen wird nur dann angewendet, wenn es angemessen ist; das göttliche Leben selbst ist duale Polarität.

schen, noch werden sie es sein. Sie vertreten als allgegenwärtige übernatürliche Wirkkraft den Schöpferwillen des Logos. Sie sind Lenker aller Naturkräfte, Naturgesetze und der Lebensprozesse solarer, interplanetarischer und planetarischer Art. Als Manifestationen des Logos oder des Einen können sie als aktive, kreative Intelligenzen und die Erbauer der Formen aller offenbaren Schöpfung angesehen werden. Von der Dämmerung bis zum Abend des Schöpfungstages sind sie ununterbrochen aktiv als Lenker, Wächter, Designer, Künstler, Schöpfer, Gestalter und Erbauer, stets dem Einen Willen, der Einen Wesenheit und dem Einen Gedanken gehorchend und ihn zum Ausdruck bringend. So sind sie ohne Unterlass in der zweifachen Manifestation des Logos aktiv. Es muss dabei jedoch immer bedacht werden, dass diese Manifestationen in ihrem eigentlichen Kern nicht wirklich als Zweiheit getrennt, sondern vollkommen eins sind.

An dieser Stelle ist es zweckmäßig darauf hinzuweisen, dass, wenn einmal der Zeitpunkt gekommen ist, in dem ein Mensch ausreichend mit und durch das göttliche Prinzip ewiger Entfaltung zu immer größeren und höheren Ebenen aufgestiegen ist und Yoga, gleich welcher Form, ausgeübt wird, es das unabänderliche Ziel eines jeden Yogi ist, klar zu erkennen, dass die Quelle dieser zweifachen Manifestation des Logos in ihrem Herzen nur eines oder eines allein ist. Yogis wissen, dass auf den höchsten Bewusstseinsebenen eine Vorstellung von Zweiheit nicht existiert, ja nicht einmal vorstellbar ist. Im logoischen Bewusstsein, das Ziel eines jeden Yogi, gibt es nur das Prinzip der Einheit, deren Offenbarung und innerstes Wesen als Eins-Sein erfahren wird. Erlauben es seine geistigen Fähigkeiten, derartiges Wissen zu gewinnen, dann ist für den erfolgreichen Yogi der nächste Schritt, völlig darin aufzugehen. Man versteht darunter eine Erweiterung des Bewusstseins auf einer Ebene, wo nichts anderes als das eine allein existent sein kann, obgleich eine innere, individuelle Identität bestehen bleibt.

Offenbaren sich erst einmal diese beiden Arten der Selbst-Manifestation und des Evolutionsprozesses in aktiver Weise, dann beginnt jede Monade bzw. jeder unsterbliche göttliche Geistfunke, dessen Bestimmung es ist, sich in regelmäßiger Wiederkehr durch das Menschenrecht zu entwickeln, vermittels einer Serie von Inkarnationen in immer dichter werdender Materie und der Erfahrung eines zunehmend begrenzten Bewusstseins. Sollte sie bis in die äußerste und dichteste Ebene der Körperlichkeit eingetreten sein, so vollzieht sich der Evolutionsprozess ununterbrochen bis zu seinem Abschluss. Das ist der Augenblick, in dem die Monade selbst zum Logos aufsteigt.

Deva-Monaden sind im Verlauf ihrer Evolution mit einer einzigartigen, im gesamten Deva-Reich zu findenden Mission betreut. Sie tragen die Verantwortung für die Evolutionsvorgänge und stehen ihnen unaufhörlich bei, d. h. sie fördern diese. Die einzelnen Dienstleistungen jedoch unterscheiden sich gewaltig voneinander. Sie sind die Akzentuierungen des Tones jenes schöpferischen Wortes im ganzen Universum, die Anregung des Bewusstseins auf allen Ebenen sowie die Mitwirkung bei der Formgebung der göttlichen Ideen. Für diese Vorgänge übernimmt die Deva-Hierarchie als Gesamtes die Verantwortung. Jene dreifache Funktion könnte man vielleicht ein „Verwalten der Klänge" oder „Gandharvaschaft"[3]) nennen. Sie umfasst die Projektion und Produktion eines Universums, das der göttlichen Vorstellung bzw. dem göttlichen „Wort" entspricht. Sie schließt auch die Beschleunigung der Entwicklungsvorgänge monadischer Manifestation oder Inkarnation auf allen Stufen des Evolutionsprozesses ein.

Genügend sensitive Menschen, welche die einzelnen Stufen des Deva-Reiches wahrnehmen, erkennen wahrscheinlich zunächst jene Deva-Intelligenzen (Naturgeister und Erbauer der Formen), die mit der Arbeit des

---

3) Gandharva (Sanskr.) bezeichnet einen Deva der Musik (Anm. d. Hrsg.).

ersten der drei genannten Vorgänge betraut sind. Dieses sich weiterentwickelnde Wahrnehmungsvermögen ist im Laufe der Zeit nicht nur auf die Erscheinung der Formen beschränkt. Das Erkennen der beiden anderen Funktionen entwickelt sich immer mehr, die filigrane Gestaltung des Schöpfungswortes innerhalb des gesamten Universums und die Anregung des Bewusstseins auf allen Ebenen. Der im Reifeprozess stehende Hellseher und, sofern der Ausdruck angebracht ist, Hellhörende nimmt dann weiterentwickelte Mitglieder der Engel-Hierarchie wahr. Dies kann zu einem Verständnisgrad führen, der seinen Höhepunkt in einer Zusammenarbeit mit den leuchtenden Scharen findet, besonders dort, wo es gilt, das Leid empfindender Kreatur zu lindern. Der Schüler und Mystiker tritt in eine neue und fortgeschrittene Phase seiner Beziehung zu den Engelscharen ein, jener der Segnung, Inspiration und der Linderung des Leidens sowie der Heilung der Kranken. Dies führt zu dem wohl wichtigsten Aspekt der Verwandtschaft zwischen der Menschenfamilie und der Engel-Hierarchie. Es ist die wirkungsvolle Verbindung zwischen Menschen und Engeln, die erhabene und stets zu wünschende praktische Zusammenarbeit in der Beschleunigung monadischer Evolution in beiden Hierarchien.

Erkenntnis der Lebensgesetze kann für den Sehenden, Hörenden und Wissenden äußerst wichtig und hilfreich sein, vor allem in Bezug auf die Evolution der Menschheit und ihrer einzelnen Individuen. Sie führt dazu, die Existenz der Mitglieder der Deva-Hierarchie ebenso als Tatsache innerhalb des Sonnensystems und der Erde zu verstehen, wie die dort bestehenden nichtphysischen Ebenen. Diese Hierarchie reicht von halbbewussten und im Dämmerzustand weilenden Naturgeistern über die Devas in den inneren Welten bis hin zu den höchsten Erzengeln an der Spitze dieser Hierarchie. Das ist die Reichweite der Engelwesen, die in Verbindung mit dieser Welt stehen. Dies ist die immer umfangreicher werdende Weisheit, die der Schüler erlangt, wenn er die Engelscharen mit ihren einzelnen Abstufungen erkennt. Das geschieht, indem er die Lehren anderer annimmt und, was das Wesentliche ist, aufgrund direkter persönlicher, durch geistige Schau vermittelter Erfahrung. Beide Aspekte inspirierten meine Bücher über dieses Thema und ließen sie entstehen, wobei mir nach und nach vermehrte Information über die Scharen der Engel zuteil wurde. Die Hauptfunktion der Deva-Hierarchie wird sowohl in dem Buch „The Kingdom of the Gods" als auch an anderer Stelle dieses Werkes beschrieben. Dennoch ist es im Hinblick auf intellektuelles Voranschreiten, persönliches Wachstum und besonders hinsichtlich der Erfüllung selbstlosen Dienstes wünschenswert, dass ein solches Wissen ständig zunimmt. Ernsthafter gesinnte Menschen können so eine Beschleunigung ihrer Evolution erreichen und ihr Leben tiefer dem Dienst an anderen weihen, vor allem jenen, die direkter Hilfe bedürfen.

Psychosomatische Grundsätze, welche anerkannte Ärzte in diesem Jahrhundert entdeckten, sind ein Teil des zweifachen Prozesses spiritueller und mentaler Heilung. Sie waren allzeit einigen wenigen, auch Nichtärzten, bekannt, die sie verstanden und anzuwenden wussten. Mitglieder der Engelscharen, die jenen Menschen zur Seite stehen, deren Dienst sich im Zusammenhang mit der Heilung Kranker vollzieht, sind besonders wertvoll bei der Korrektur mentalen und emotionalen Fehlverhaltens und negativer Zustände, die für psychische Krankheiten verantwortlich sind.

Die dienenden Menschen ihrerseits wirken primär auf physischen Ebenen und sekundär, obgleich außerordentlich wichtig, auf ätherischen, astralen und festumrissenen mentalen Materiestufen. Sie helfen ebenfalls dabei, die aus diesem Stoff gebildeten menschlichen Körper zu heilen. Ein „gebrochenes Herz" z. B., mit seinen höchst schmerzhaften Auswirkungen auf den Körper des Leidenden, hat seinen entsprechenden unerwünschten Zustand auf den nicht physischen Ebenen. Dieser kann durch die Engel beseitigt werden. So haben durch mentale Fehler, Störungen und Krankheiten hervorgerufene Angewohnheiten ihre damit verbundene

Existenz im Geist-Körper. Mit menschlicher Hilfe können sie nach und nach verringert, ja sogar ausgemerzt werden, besonders dann, wenn Mitglieder beider Hierarchien zusammenarbeiten.

Nicht nur gebrochene Herzen, sondern alle emotionalen Schmerzen beeinflussen den Astralkörper des Leidenden. Auch sie können durch die Zusammenarbeit von Engeln und Menschen verringert und beseitigt werden. Dies gilt besonders für die Verfahren, deren sich jene Heiler bedienen, die nicht notwendigerweise Ärzte sind, obgleich letzteren ebenso beigestanden wird. Daher kann nicht nur in den Bereichen von Gesundheit und Wohlbefinden, sondern ebenso auf zahlreichen anderen Gebieten durch aufrichtig gesuchte und weise gelenkte Teilnahme der Engel eine wirkungsvolle Heilung von nahezu allen Leiden erreicht werden.

Zugegeben, der Wächter am Tor eines solchen „Heil-Tempels" steht unter der Herrschaft jenes großen Hüters des menschlichen Schicksals, das Karma oder Karmisches Gesetz genannt wird, jenes universale Gesetz von Ursache und Wirkung, welches jedem menschlichen Wesen absolute Gerechtigkeit zusichert[4]); dennoch gibt

---

[4]) Siehe mein Buch „Reincarnation, Fact or Fallacy?", bes. Kapitel „Reincarnation", Adyar 1970.

es keine menschliche Notlage, die, selbst bei strengstem karmischem Gebot, nicht auf irgendeiner Ebene segensreichen Beistand erfährt. Selbst das Wissen der Leidenden, dass solche Segnungen für sie erbeten werden, ist hilfreich, und sei es nur, um den inneren Schmerz, der primär auf Einsamkeit zurückzuführen ist, zu vermindern oder zu beenden.

Der dienende Helfer vermag besonders zu Beginn die psychische und feinstoffliche Beziehung zu den physischen Beschwerden kaum zu erkennen[5]. Das vermindert aber in keiner Weise die Bereitschaft zu helfen oder den Beistand jener Heilengel, für welche die psychische Disharmonie vielleicht näher an der Wurzel der Leiden liegt als die tatsächlich physische. Jene, die um die Existenz der Engel sowie deren Wirken wissen und sie verstehen, besonders aber die „Sehenden", sind fähig, unmittelbarer am spirituellen Heilvorgang mit Hilfe von Engeln teilzunehmen, als jene, die noch nicht so begabt sind. Dieses Wissen hängt jedoch nicht nur von Hellsichtigkeit ab. Geistige Schau kann von größtem Wert sein; sie ist allerdings, wenngleich gründlich geprüft und erprobt, keineswegs eine Notwendigkeit für den Dienst am Mitmenschen, gleich in welcher Stellung

[5]) Siehe mein Buch „Basic Theosophy, the living Wisdom", bes. Kap. „Man's Cosmic Powers".

oder in welchem psychischen Zustand er sich befindet. Intuitives Wissen ist eigentlich gleichwertig und kann ebenso überzeugend und wirkungsvoll sein, denn die tatsächlichen spirituellen Bedürfnisse und Heilungsprozesse werden unmittelbar von mitwirkenden Heil-Engeln erkannt und behandelt; folglich sei die Wichtigkeit solcher Zusammenarbeit nochmals betont. Ideale Heiler aller menschlichen Krankheiten sind daher jene, welche aufgrund von Studien und geistigen Erfahrungen fähig sind, mehr und mehr bewusst Mitglieder der Heil-Engel anzurufen und mit ihnen zusammenzuarbeiten.

Außerdem gibt es auch noch den überaus wichtigen Dienst selbstloser Helfer der Menschheit, die Individuen, Gruppen, ja sogar Nationen vor ihrem Weg in Unglück und Niedergang bewahren, vor Gefahren, die unglücklicherweise in schrecklichen Ausmaßen existieren. Hier ist die wahre und wirksamste „Medizin" das Wissen und die Anerkennung einer geistigen Führung, wie sie von den großen Meistern der Weisheit (Theosophia) über die Natur des Menschen und den Sinn seiner Existenz vermittelt wurden. Unglücklicherweise wurde und wird solche Führung nicht genügend beachtet, obgleich sie seit undenklichen Zeiten zur Verfügung steht. Selbst fehlgeleitete und selbstsüchtige Kranke wurden jedoch durch die weise und annehmbar dargebotenen

Lehren der „uralten Weisheit" „gerettet"; und das können sie glücklicherweise auch heute noch. Das schließt Wissen ein über die Natur und den Sinn des Lebens auf diesem Planeten, ebenso wie um die Existenz der Engelwesen. Solches Wissen kann von nahezu unermesslicher Hilfe für jene sein, die sich an der Schwelle des Untergangs befinden oder sogar schon gefallen sind.

KAPITEL 3

Flower A. Newhouse

Die Engel und der geistige Pfad

Flower A. Newhouse wollte mit ihren Berichten über das Engelreich nicht nur Tatsachen offenbaren, sondern vielmehr zu der persönlichen Erfahrung dieser herrlichen Wesen hinführen, sodass wir ihren segensreichen Einfluss und ihre Inspiration bewusst aufzunehmen vermögen.

Die Sehnsucht nach Erleuchtung und der Nähe Gottes wird uns den Weg zu ihnen ebnen. Zwei Faktoren wirken unserem geistigen Bemühen jedoch entgegen. Zum einen betrachten die meisten Menschen nur jene Dinge als Realität, die sie mit ihren fünf Sinnen zu erfassen vermögen. Nur ein bewusster, aktiver Glaube hält jedoch die Wirklichkeit der inneren Welten lebendig und schützt sie vor der Dominanz eines kalten Intellektes.

Mit der Entwicklung unseres sechsten Sinnes vermögen wir eine Brücke zu den Engeln zu bauen. Die innere Wahrnehmungsfähigkeit öffnet nicht nur die Tore zum Engelreich, sondern auch zu Gott und den höheren Welten.

Die Intuition führt zur Entfaltung der übernatürlichen Sinne. Wir nehmen Informationen entweder direkt, das heißt mittels unserer fünf Sinne, oder indirekt über unsere Intuition auf. Bei der ersten Form handelt es sich um einen konkreten, fassbaren Vorgang, während im zweiten Falle eine Fähigkeit angesprochen ist, die jenseits der physischen Ebene liegt. Die Intuition schafft eine Verbindung zur Welt der Ideen, des geistigen Lebensplanes und der Vorstellungskraft. Sie stellt das Tor zur inneren Wahrnehmung dar. Eine weise Entfaltung dieser Fähigkeit ist ein erstrebenswertes Ziel, da sie die Hauptverbindung zum Reich der Engel bildet.

Die Entwicklung des sechsten Sinnes, der uns Einblick in die verschiedensten unsichtbaren Bereiche gewährt, verliert ihren geistigen Wert, wenn sie der eigennützigen Faszination für das Okkulte entspringt und somit zur gefährlichen Übung wird. Im schlimmsten Falle führt sie zu Betrügerei und Missbrauch. Trotz bester Absichten handelt es sich oft lediglich um Wunschdenken und idealistische Spekulation.

Die wahre Verbindung mit den Engeln entsteht aus dem Verlangen, den Willen Gottes zu erfüllen. Entscheidend ist es, das spirituelle Leben in seiner ursprünglichen Form zu gestalten. Hinzu kommt, dass wir möglichst viele Informationen über Engel sammeln sollten.

Als Erstes treten wir wahrscheinlich mit unserem Schutzengel in Verbindung. In seiner Eigenschaft als spiritueller Lehrer steht er uns am längsten zur Seite. Ohne seine Unterstützung wäre es den Menschen nur in den seltensten Fällen möglich, ein geistiges Interesse

wachzuhalten oder den Mut zu spirituellem Wachstum aufzubringen.
Wir sollten uns mehrmals am Tage die Anwesenheit der himmlischen Lichtwesen vergegenwärtigen und eine zunehmende Sensitivität für ihre Anweisungen entwickeln. Obwohl der Einzelne seinen eigenen Weg bestimmen mag, haben sich folgende Vorschläge als nützlich erwiesen.
Ein wesentlicher Schritt besteht darin, sich die Wirklichkeit der Engel regelmäßig und zu bestimmten Zeiten ins Gedächtnis zu rufen. Es ist sehr hilfreich, ein Tagebuch anzulegen und den Vorsatz mit seinen Ergebnissen in schlichten Worten niederzuschreiben. Die Eintragung mag zum Beispiel lauten: „Ich werde meine Gedanken mindestens viermal am Tage den Engeln zuwenden und jedes Mal meine Eindrücke und Beobachtungen vermerken." Führe genau Buch und sei ehrlich gegen dich selbst! Finde Wege, deine Erfahrungen zu vertiefen!
Eine sechswöchige Periode, zum Beispiel die Fasten- oder Adventszeit, bietet genügend Möglichkeit, eingefahrene Verhaltensmuster oder alte Angewohnheiten zu ändern. Wenn sich danach diese Methode nicht mehr als nutzbringend erweist, sollte man sich einer anderen Übung bedienen.
Flower A. Newhouse hat ihre Schüler stets davor gewarnt, dramatische oder außergewöhnliche Erfahrungen zu erwarten. Die innere Wahrnehmungsfähigkeit

entfaltet sich stufenweise, vergleichbar mit dem Heraufdämmern eines neuen Tages. Man sollte geistige Kräfte niemals erzwingen wollen.

In gewissen Kreisen besitzen Phänomene ein hohes Ansehen, was die Gefahr in sich birgt, Kräften zu erliegen, die jenen gleichen, die durch Hypnose herbeigeführte Visionen hervorbringen. Doch unser Verlangen, mit den Engeln in Kontakt zu treten, muss einer reinen und uneigennützigen Absicht entspringen und nicht dem Wunsch, unsere Mitmenschen zu beeindrucken.

Die Natur, insbesondere die Einsamkeit der Gebirge, bietet das beste Umfeld, unsere Nähe zu den Engeln zu entfalten, vor allem wenn wir alleine sind. Unseren Alltag mit seinen Sorgen und Problemen beiseite schiebend, spüren wir, wie die belebenden Energieströme der Natur unsere Seele erfüllen. Aber auch ein Park oder sogar ein kleiner Garten bieten die Möglichkeit für ein solches Erleben, besonders wenn wir eine Weile ohne Ablenkung dort zubringen können. Unsere Eindrücke, Einsichten und Augenblicke geistiger Erhebung sollten wir notieren.

Andere Orte, an denen wir Engel finden, sind Stätten der Anbetung, wie Kirchen, Kathedralen oder Plätze, die großen Seelen geweiht sind. Über dem Lincoln Memorial in Washington, um ein Beispiel zu nennen, hält sich ein herrliches Engelwesen auf, der sogenannte „Engel der Nation".

Assisi in Italien zieht zahlreiche Engel an, die Christus dienen. Franziskus errettete seinerzeit das Christentum von den politischen Machenschaften des Mittelalters und ließ den Geist Christi wieder in das Bewusstsein der Kirche einfließen. Ein weiterer Ort, an dem Engel-Kräfte zugegen sind, befindet sich in Neu-Delhi in Indien; es ist das Grabmal von Mahatma Gandhi. Dies sind nur einige Beispiele berühmter Stätten. Es gibt noch zahlreiche andere, die jedoch kaum bekannt sind.

Entscheidend für die Entwicklung höheren Bewusstseins ist die Zeit der Stille. An einem geweihten Ort mögen wir in dieser Stille den Energiestrom der anwesenden Engelwesen erkennen.

Stelle dir folgende Fragen: Welches sind die besonderen Merkmale dieses Ortes? Spüre ich eine Wesenheit? Dringt ein Gefühl, eine Inspiration, eine Farbe oder eine Musiknote in mein Bewusstsein? Notiere deine Eindrücke. Im Laufe der Zeit wird sich dein Gespür in einer Weise verfeinern, dass du mit den Engeln in Kontakt zu treten vermagst.

Große Kunstwerke stellen oft ein Eingangstor zum Engelreich dar. Dies zeigt sich sehr deutlich bei dem Gemälde „Das Abendmahl“ von Leonardo da Vinci oder dem „David“ von Michelangelo. Gleiches gilt für Kunstgalerien, deren Ausstellungsstücke Heiligkeit oder Würde ausstrahlen. Die Engel erfreuen sich nicht nur dieser aurischen Energien, die diese Meisterwerke umgeben,

sondern inspirieren den aufnahmefähigen Betrachter in einer Weise, die diesen tief berührt.
Der Schutzengel schätzt solche Gelegenheiten ganz besonders, um das Herz seines Schützlings anzuregen. Solche Momente führen oft zu völlig neuen Einsichten, Bemühungen und Veränderungen im Leben des Menschen.
Auch die Musik kann eine Brücke zu den inneren Welten schlagen. Wenn wir einer Symphonie, einer Oper oder einem bewegenden Konzert lauschen, vermögen diese Energien uns auf eine höhere Bewusstseinsstufe zu erheben. In einzigartiger Weise vermag uns die Musik zu umhüllen, in uns einzusinken und uns ungeahnte Dimensionen zu eröffnen. Im Gegensatz zu Skulpturen und Gemälden entfaltet sie ihr eigenes Leben im Zuhörer.
Hal Lingerman, der Autor von zwei Büchern zu diesem Thema („Geheimnisse großer Musik" und „Life Streams"), hat mit Hilfe von Flower ausführlich über von Engeln inspirierte Musikstücke geschrieben. Er nennt mehr als fünfzig Kompositionen. Dazu gehören das „Halleluja" aus Händels Messias, „Panis Angelicus" von Franck, Mahlers „Symphonie No. 2" (Die Auferstehung) und der „Ritt der Walküre" von Wagner.
Ein Komponist, der die Fähigkeit erweiterter Wahrnehmung besitzt, vermag die Tonfolgen der Sphärenmusik aufzunehmen und solche herrlichen Meisterwerke der

Musik zu schaffen. Licht und Farbe verleihen den inneren Welten Leben, der Klang und die Musik die Dynamik. Aus dieser unerschöpflichen Quelle ergießen sich Ströme von Melodien und Hymnen, die die „Engel der Musik" zum Lobe Gottes und Seiner Schöpfung in die Äther senden.

Es gab eine Zeit, in der ein Musikstück jedes Mal neu gespielt werden musste, um sich seiner erfreuen zu können. Obwohl der Adel die Musik für seine Zwecke in Auftrag gab, konnte selbst ein König nicht befehlen, dass ein inspiriertes Musikstück jedes Mal makellos gespielt wurde. Heute gibt es Aufnahmen solcher Vorführungen, die man immer wieder anhören kann. So ebnen uns allen die schöpferischen Energien der Musik den Weg zum Engelreich.

Eine andere Kunstform, die die himmlischen Wesen anzieht, ist der Tanz, besonders wenn er Freude, Ehrerbietung und universale Liebe zum Ausdruck bringt. Klassische Beispiele sind Tschaikowskys „Schwanensee" und die künstlerische Darstellung des Tänzers Nijinsky oder der Primaballerina Pavlova.

In vielen Religionen der Antike verbanden sich die Bewegungen der Tempeltänzer mit den Gebeten zu Ehren der Gottheit. Flower selbst, die sowohl während eines Lebens in Ägypten als auch im Verlauf einer Inkarnation in Griechenland als Tänzerin im Tempel diente, integrierte diese Form der Verehrung in Questhaven, ihrem

spirituellen Zentrum im Süden Kaliforniens, vor allem während der Festlichkeiten zu Ehren des Erzengels Michael, zu Weihnachten, zu Ostern und anlässlich der Sommersonnenwende.
Diese Form der Kunst bildet eine natürliche Brücke zwischen der Welt der Engel und unserem Reich, da die Anwesenheit der himmlischen Besucher eng verbunden ist mit einer Atmosphäre der Anbetung und Hingabe sowie der Anmut und Schönheit der Tanzbewegungen.
Abschließend sei die Kunstform des gesprochenen und geschriebenen Wortes zu erwähnen. In ihrer Zeit war Flower wohl eine der glühendsten, wortgewandtesten und bewegendsten Botschafterinnen für das Engelreich. Sie berührte die Herzen der Menschen in einzigartiger Weise. Sie wusste, wovon sie sprach. Aufgrund ihrer Hellsichtigkeit lebte sie in zwei Welten. Sie musste nicht spekulieren. Sie schaute unmittelbar in die Reiche der Engel hinein. Ihre Informationen über diese Sphäre mit ihren leuchtenden Wesen sind daher einzigartig.
Das geschriebene Wort erreicht einen größeren Interessentenkreis. Neben zahlreichen Berichten im Alten und Neuen Testament, dem Buch Henoch und den Apokryphen werden Engel zum Beispiel in den Schriften von William Blake, Geoffrey Hodson, Emmanuel Swedenborg, Thomas von Aquin und Jakob Böhme erwähnt. Flower beschreibt in ihren beiden Büchern „Engel und

Devas“ und „Lichtwesen“ das Reich dieser himmlischen Heerscharen sehr klar und aufschlussreich.
Die Inspiration der Engel lässt sich auch in Theaterstücken finden, vom antiken Griechenland über Shakespeare bis in unsere Zeit. Die Dichtkunst von den Psalmen des David bis hin zur Lyrik eines Oscar Hammerstein berühren die Welt der Engel.
Eine unübersehbare Fülle von Schriften, die die Tore des Bewusstseins öffneten, neue Horizonte offenbarten, Herzen berührten und lebensverändernd wirkten, dienten den Engeln als Mittel, auf den Leser einzuwirken. Sorgfältig beobachten sie uns, wenn wir uns solcher Lektüre widmen, und warten auf den Augenblick, in dem wir uns für ihre Nähe öffnen.
Wenn irgendetwas, gleichgültig in welcher Lebenssituation, einen tiefen Eindruck in uns hinterlässt, können wir sicher sein, dass ein Engel unsere Aufmerksamkeit erregte. Auf diese Weise vermögen die himmlischen Boten unserem Leben neue Impulse und Frische zu geben und unser Seelenwachstum zu fördern.
Die Engel, insbesondere die Schutzengel, besitzen die Fähigkeit, Eindrücke, Erkenntnisse, intuitive Einsichten und Anregungen zu übermitteln. Bis zur vollständigen Entfaltung unseres sechsten Sinnes und unserem direkten Kontakt zu diesem Reich bedienen sie sich dieser Wege, um uns zu erreichen. Solche Erfahrungen ereignen sich völlig unerwartet. Eine Erkenntnis oder ein Ge-

danke tauchen urplötzlich in uns auf. Bisweilen manifestiert sich der Einfluss eines Engels im Laufe einer Situation oder in der Begegnung mit einem Individuum oder einer Gruppe. Sie verfügen über einen erstaunlichen Einfallsreichtum, wenn sie zu uns durchdringen wollen. Einen Grundsatz verletzen sie dabei jedoch nicht; sie greifen niemals in die freie Willensentscheidung des Menschen ein. Sie unterweisen, erinnern und inspirieren uns oder stellen uns herausfordernden Bedingungen gegenüber, doch wir sind es, die letztendlich die Wahl treffen.

Einige mögen dies als unwirksam und Vergeudung erachten, da wir Menschen wankelmütig sind und dazu neigen, Irrtümer zu begehen. Wäre es da nicht einfacher, direkt von Gott angewiesen zu werden, um Fehler und Fehlentscheidungen zu vermeiden? Gottes Plan für den menschlichen Evolutionspfad besteht jedoch darin, dass der Einzelne durch die Konsequenzen seiner Handlungen lernt. Mit anderen Worten, wir alleine sind verantwortlich für die Gegebenheiten, die wir vorfinden, und können sie nicht länger dem Schicksal zum Vorwurf machen.

Der Schutzengel und die „Erwecker“, die im Dienste des Hl. Geistes stehen, richten ihr Augenmerk besonders auf die dunkle Seite unserer Persönlichkeit. Allzu lange haben wir unserer Ich-Bezogenheit, Trägheit und den vielen eingefahrenen Angewohnheiten und

Verhaltensweisen, die uns zurückhalten, nachgegeben. Wir müssen uns aufraffen, die Schatten der Verlockung und Zügellosigkeit hinter uns zu lassen. An ihre Stelle sollte die Suche nach Erleuchtung, die Vervollkommnung des Charakters sowie das tiefe Verlangen treten, das Selbst aufzugeben, damit Gott unser gesamtes Sein zu erfüllen vermag.

Die Ich-Bezogenheit und Unaufrichtigkeit der menschlichen Natur wirken am abstoßendsten auf einen Engel. Allein der Gedanke, das eigene Ich vor Gott zu setzen, ist diesen himmlischen Lichtwesen unvorstellbar. Gleiches gilt für die Unaufrichtigkeit. Wenn wir bewusst einen falschen Eindruck hinterlassen und nicht ehrlich meinen, was wir sagen, legen wir nicht nur unserem Fortschritt ein gewaltiges Hindernis in den Weg, sondern verbauen auch unseren Zugang zum Reich der Engel.

Die Beziehung zwischen dem Ego und der Seele weist ein klassisches Muster auf. Nachdem wir viele Leben im Zwielicht von Wahrheit und Täuschung zugebracht haben, gelingt der Durchbruch. Er mag allmählich in uns heraufdämmern oder uns wie ein Lichtblitz aus heiterem Himmel treffen. In jedem Falle aber besitzt er eine transformierende Wirkung, und wir erkennen den Weg, den wir zu beschreiten haben. Diese Erleuchtung ist begleitet von einer ungewöhnlich optimistischen Einstellung, die Robert Browning in die Worte kleidete: „Gott weilt in Seinem Himmel und die Welt ist in Ordnung."

In unserer grenzenlosen Begeisterung mögen wir den Beginn unserer spirituellen Reise fälschlicherweise als deren Ende betrachten. Doch unser Streben nach der Erkenntnis Gottes hat erst begonnen. Wir sehen uns gewaltigen Herausforderungen und Prüfungen gegenüber, die dem Schüler die Möglichkeit bieten, seine niederen Aspekte zu läutern.

Gerade in dieser Zeit lenken der Schutzengel und der „Erwecker" unsere Aufmerksamkeit auf unerledigte Arbeiten. Unser Schutzengel, der unseren nächsten Wachstumsschritt am klarsten erkennt, beobachtet sorgfältig unsere Bereitschaft und entwickelt einen Plan. Dann bringt er uns in irgendeiner Form unsere Bedürfnisse zum Bewusstsein. Mit seiner Hilfe beginnen wir unseren Umwandlungsprozess.

Nichts bereitet einem Schutzengel oder „Erwecker" größere Freude als unser Sieg über eine schlechte Angewohnheit oder Neigung, da er in den inneren Welten den Fortschritt eines Menschen um eine Stufe höher auf der Evolutionsleiter signalisiert.

Das Erwachen der Seele kennzeichnet den Beginn des Entwicklungsweges auf Erden. Flower spricht darüber in einer ihrer frühen Schriften, die den Titel „Die Lebensschule" trägt. Sie vergleicht die einzelnen Inkarnationen mit Schulklassen. Nicht begriffene Lektionen bedürfen so lange der Wiederholung, bis sie schließlich gemeistert werden.

Wenn jemand auf der Suche nach der Wahrheit den Lehren der christlichen Mystik begegnet, übt das neu gewonnene Wissen oft einen derartigen Einfluss auf den Menschen aus, dass dieser glaubt, die Geheimnisse des Universums zu kennen. Er setzt Wissen und Errungenschaft auf eine Stufe. Doch es kommt der Augenblick, in dem es ihm schmerzlich zum Bewusstsein kommt, dass die beiden Aspekte, die Kenntnis der Wahrheit und ihre Anwendung im Leben weit auseinander klaffen. Um die Kluft zu überbrücken, bedarf es oft vieler Leben fleißigen Bemühens, diese schwierige Aufgabe zu bewältigen.

Der Jünger steht an einem Wendepunkt. Ist er auch weiterhin davon überzeugt, sich auf dem richtigen Weg zu befinden, gleichen sich seine Erwartungen der tatsächlichen Ebene an, die allmählich zu stufenweisem Fortschritt führen wird. Andererseits kann ihn jedoch eine solche Ernüchterung befallen, dass ihn sein Wissen belastet und er sich enttäuscht abwendet.

Es gibt Schulen der Philosophie, die das Böse als Illusion betrachten. Als überzeugter Optimist setzt der Mensch einfach alles Leben in ein positives Licht und erhebt sich somit über ein gequältes, beunruhigtes Bewusstsein hinaus. Die Schwierigkeit besteht jedoch darin, dass wir den Christus-Pfad – den Sieg über das Böse und die Kreuzigung, die völlige Hingabe an Gott – dabei ignorieren. Das Erkennen unseres eigenen persönlichen Schattens ist wesentlich, damit wir das Böse überwältigen, wo immer es uns entgegentritt.

Eine positive Lebenseinstellung ist durchaus nicht falsch, doch wir müssen sie in die rechte Perspektive setzen, damit sie unser geistiges Wachstum fördert.

Die Engel kennen hochfliegende Hoffnungen und Enttäuschungen nicht. In ihrem selbstlosen und unermüdlichen Dienst unterstützen sie uns in unendlicher Geduld. Sie sind ehrlich und aufrichtig.

Ein Engel wird niemals die Tatsachen unserer Fehler und Unzulänglichkeiten verdrehen. Aus ihrer unvorstellbaren Liebe heraus korrigieren sie uns und stehen uns trotz unserer Unwissenheit, Gleichgültigkeit und unserem Widerspruch treu zur Seite.

Freudig erfüllt der Schutzengel seine Aufgabe und wartet geduldig auf solche Momente, in denen wir uns öffnen und mit seiner Unterstützung von den Fesseln der niederen Natur, die uns gefangen halten, lösen. Langeweile kennt er nicht.

Oft bedient er sich unseres Gewissens, das wie eine Alarmanlage wirkt, wenn wir uns in Gefahr begeben. Beginnen wir in der Auseinandersetzung mit unserem Gewissen die Wahrheit zu verdrehen oder die Unwahrheit zu rechtfertigen, ist es an der Zeit, uns genau zu prüfen. Dann haben wir einen Punkt erreicht, der uns zur Stille und Aufnahmebereitschaft für die Anweisungen der himmlischen Helfer zwingt.

Vieles vermitteln sie uns in der Sprache der Zeichen und Symbole, einer altehrwürdigen Kommunikationsform mit der Welt Gottes. Unsere Intuition vermag diese Sprache zu entschlüsseln. Oft geschieht es, dass wir zum Beispiel in einer Bibliothek nach einer bestimmten Information zu einem speziellen Thema suchen und eine unerwartete Entdeckung von weitaus größerer Bedeutung machen. Unser Schutzengel bedient sich häufig solcher Gelegenheiten, um unsere Aufmerksamkeit auf für uns wichtige Dinge zu lenken.

Er hilft uns auch, verlorene Sachen wiederzufinden. Wenn unsere eigenen Bemühungen erfolglos geblieben sind und wir einen Augenblick innehalten, um ihn vertrauensvoll um Beistand zu bitten, wird er uns wahrscheinlich zu dem vermissten Gegenstand führen. Es darf uns nicht verwundern, wenn er sich dort vorfindet, wo wir zuerst gesucht haben.

C. G. Jung beschrieb als Erster die Erfahrung der Synchronizität, des Aufeinandertreffens von zwei Ereignissen, die auf den ersten Blick in keinerlei Beziehung zueinander stehen, jedoch lebensverändernd wirken können, da sie unsere Aufmerksamkeit erregen. Ein Beispiel für diesen Umstand findet sich in einer bemerkenswerten Szene des Films „Ben Hur". Die Römer hatten den jüdischen Kaufmann adeliger Herkunft verurteilt, lebenslänglich als Sklave auf ihren Kriegsgaleeren zu arbeiten. Auf ihrem Weg zur Mittelmeerküste durchquerten die Gefangenen ein kleines Dorf, um an dessen Quelle auszuruhen. Der dürstende Ben Hur lechzte verzweifelt nach einem Schluck Wasser, der ihm jedoch von dem römischen Aufsichtsbeamten verweigert wurde. Doch kein anderer als Jesus von Nazareth selbst reicht ihm im Film die Wasserkelle. Diese schicksalhafte Begegnung sollte einen tiefen Wandel im Leben dieses Sklaven hervorrufen.

Es ist äußerst wichtig, darauf zu achten, dass wir unsere Gedanken immer wieder zum Reich der Engel erheben und diesen leuchtenden Lichtwesen unsere Anerkennung und unsere Dankbarkeit entgegenbringen. Solche Momente verbinden uns mit ihren Schwingungen und öffnen die Tore der Intuition.

Zur Erhöhung unserer Aufnahmefähigkeit halten wir einen Moment inne und sprechen aufrichtig, voller Vertrauen und heiliger Erwartung die Worte, die Flower selbst benutzte, wenn sie um Kontakt mit der göttlichen Quelle bat:

„Geistige Welten,
Welten des Geistes,
sendet Euer Licht auf mich herab."

Fühle beim Sprechen dieser Worte die Schleier der Verblendung abfallen. Entspanne und werde ruhig. Lasse die göttliche Gegenwart in deine Seele sinken.

„Möge sich das göttliche Wort,
die Taufe der Kraft,
als heilende Erfahrung
in mein Herz senken."

Halte erneut inne und spüre, wie dein gesamtes Sein empfänglich und durchlässig wird für die innere Anweisung. Dann sprich voller Freude und Dankbarkeit:

„Von jetzt an will ich ein treuer und mutiger
Diener der Wahrheit sein."

Die letzten Worte sind in diesem Fall von besonderer Bedeutung. Wenn wir uns an die inneren Welten wenden, kommt es auf unsere Motivation an. Die bewusste Bitte um Gottes Hilfe bringt eine große Verantwortung unsererseits mit sich. Gleichgültig was nach einem solchen Gebet auf uns zukommt, wir müssen es erfüllen. Zunächst wird es sich dabei vorwiegend um Einsichten und Eingebungen in Bezug auf die kleinen Dinge handeln. Die Engel wissen nur zu gut, dass es gerade die „Nichtigkeiten" sind, die wir gerne vernachlässigen. Größere Pflichten und Verantwortlichkeiten erfüllen wir, da sie nach außen hin sichtbar sind und für unsere Umwelt Folgen haben können. Doch wie wir mit den kleinen Dingen umgehen, enthüllt unseren wahren Charakter.

Unser geistiges Wachstum liegt daher im Kleingedruckten unserer Lebensgeschichte.
Doch neben der Vollendung unerledigter Arbeiten gibt es eine Fülle von Entdeckungen, beispielsweise in der Wahrnehmung alltäglicher Dinge. Dieses Wahrnehmungsvermögen kann durchaus schöpferisch sein, wie William Blake es einmal ausdrückte:

„Eine ganze Welt in einem Sandkorn
und die Himmel in einer Wildblume sehen."

Die Möglichkeiten der Betrachtungsweise sind unerschöpflich. Die Engel bedienen sich dieser Fähigkeit, indem sie sie verfeinern und uns offenbaren. So öffnen sie den Zugang zu einer Welt, die jenseits der alltäglichen Erfahrungen liegt, was letztendlich zur Erleuchtung führt. Ein klassisches Beispiel für dieses Phänomen ist Saulus, der plötzlich Christus erblickt und zum Paulus wird. Weniger dramatisch mag sich für uns die plötzliche Erkenntnis erweisen, dass das Leben uns eine kostbare Gelegenheit bietet, reich an Möglichkeiten und Offenbarungen. In einem stillen Augenblick mögen wir in unserem Mitmenschen eine nie zuvor bemerkte wertvolle Eigenschaft sehen, die die gegenseitige Beziehung völlig verändern kann. Solche Erlebnisse tragen zweifellos die Handschrift unseres Schutzengels. Wurde die Grundlage geschaffen und ist der richtige Zeitpunkt ge-

kommen, wird er zum Katalysator, der uns auf die neue Bewusstseinsstufe hebt.
Unser Schutzengel gleicht einem Bildhauer. Sorgfältig studiert er unsere Züge und meißelt nach und nach unser wahres Sein heraus. Nicht er wählt den Zeitpunkt dieser Verfeinerung, sondern er wartet geduldig auf unsere Bereitschaft und unser Wollen. Wir Menschen neigen dazu, uns allein unsere Errungenschaften zuzuschreiben. Doch es muss eine Zeit kommen, in der wir erkennen und freimütig eingestehen, dass wir stets in Zusammenarbeit mit den Engeln leben.

KAPITEL 4

Anna Hyward / White Eagle

Die Eigenschaften der Engel

White Eagles einführende Worte sprechen den Kernpunkt seiner Lehren an, das Christuslicht in uns. Dieses geistige Licht bildet die Grundlage allen Verstehens.

Die Erforschung des Unbekannten muss in der bescheidenen und schlichten Wahrheit, dem Christuslicht in uns, ihren Ausgang nehmen. Wie seinerzeit die Alten, so wollen auch wir uns als ein Universum, einen Mikrokosmos betrachten. Wir müssen unsere Beziehung zu allen Schöpfungen Gottes, auf Erden wie im Himmel, erkennen. Alles, was im scheinbar fernen Himmel über uns liegt, ruht auch in uns selbst. Zwischen uns und allen Lebensebenen, von den niedrigsten bis zu den höchsten, besteht eine Wesensverwandtschaft. In unserem Sein – dem physischen, ätherischen, mentalen und geistigen – befinden sich genau dieselben Lebensatome wie in den weit außerhalb der Erde liegenden Sphären. Darüber hinaus besteht zwischen jeder Seele und den Planeten, deren Auswirkungen und sogar ihren Ätherkräften eine gegenseitige Wechselbeziehung. Daher sind wir auf unserem Evolu-

tionspfad mit den planetarischen Engeln und der gesamten Engelhierarchie verbunden.
Bitte beschränkt eure Vorstellung nicht auf die unsichtbaren Welten, die die Erde umgeben. Diese beginnen mit den Ätherebenen innerhalb der Erde selbst und erheben sich zur höchsten Stufe, die die Menschheit erreichen kann. Wenn wir oder ein anderer Lehrer von den verschiedenen Lebensebenen und -sphären sprechen, denkt daran, dass sich diese gegenseitig durchdringen und untrennbar voneinander sind – das Leben ist ein Ganzes.

Eines der Ziele dieses Buches besteht darin zu zeigen, dass eine Trennung von dem übrigen Universum, von Gott und den Engeln einfach unmöglich ist. Die Engel-Evolutionslinie steht in enger Beziehung zu unserer eigenen. Diese Einheit des Lebens bedeutet, dass unser Kontakt zu den Engeln nicht damit beginnt, der Erde zu entfliehen, sondern innerlich in zunehmendem Maße zu erwachen. Dies ist weniger ein Vertieftsein in sich selbst als der Blick in unseren wahren, mit Gott verbundenen Wesenskern. Durch die Verbundenheit mit Gott sind wir auch mit jedem Menschen, jedem Tier und jeder Lebensform auf diesem Planeten verknüpft sowie darüber hinaus mit den Sternen und den geistigen Dimensionen, die alles durchdringen. „Was unendlich weit entfernt zu sein scheint, liegt in Wirklichkeit auch

in uns." White Eagle legt großen Wert darauf, dass wir uns immer mehr dieser gegenseitigen Verbundenheit allen Lebens bewusst werden, da uns nur diese Erkenntnis wirklich befähigt, den Wert des Lebens, den Dienst am Nächsten und die Wahrung von Schönheit und Harmonie in der Welt zu erfassen und die göttliche Aufgabe, der die Engel dienen, ein wenig zu verstehen.
Die folgenden Worte White Eagles sind dem Buch „Naturgeister und Engel" entnommen:

Ihr schaut des Nachts zum Himmel empor und erblickt Millionen von Lichtern – ihr nennt sie Sterne –, und ihr glaubt, ein unermessliches Universum zu sehen, dessen Leben ihr nicht kennt. Euer physisches Auge vermag die Unendlichkeit des unsichtbaren Universums nicht wahrzunehmen und euer physisches Gehirn kann es nicht erfassen. Und doch, wenn ihr lernt, in die Stille eures einfachen Herzens zu treten, beginnt ihr, ein wenig mehr von dem zu verstehen, was in dem sichtbaren und unsichtbaren Universum liegt. Wenn ihr den Herzschlag der Verbundenheit verspüren könnt, beginnt ihr, Harmonie zu fühlen und Schwingungen in Form von Farbe wahrzunehmen. Ihr werdet euch anderer Kreaturen außerhalb der Menschheit, Wesen des Tier- und Pflanzenreiches, bewusst.
Geht in euren Garten und werdet still; zieht euch in den Tempel der Stille zurück. Ihr mögt euch, wenn auch nur

für einen flüchtigen Augenblick, der zahllosen Kreaturen bewusst werden – der Naturgeister, Elfen und Gnome. Selbst die Steine werden von ätherischen Wesen bevölkert). Doch gewöhnlich seht ihr nur die äußere Form eurer hübschen Blumen. Wenn ihr innehaltet und darüber nachsinnt, mögt ihr euch fragen, was sie zum Erblühen bringt, was ihren Duft herbeiführt und warum eine Blume gelb und eine andere rosafarben ist und die Blätter grün sind. Welche Kraft verbirgt sich dahinter? Täuscht euch nicht! Ob sie es weiß oder nicht, die Menschheit hat seit Anbeginn unter der Obhut der En-*

---

*) Einigen Lesern mit einem gewissen kulturellen oder religiösen Hintergrund mag es leichter fallen, White Eagles Lehren von den Engeln und ihrem umfassenden Dienst am Leben zu akzeptieren als die Vorstellung von „Naturgeistern, Elfen und Gnomen". Dennoch hat White Eagle stets von einem breiten Spektrum unsichtbaren Lebens gesprochen, dessen Energien vom Verspielten, Kleinen und Leichten bis hin zum unendlich Majestätischen reichen. Ein Erlebnis meines Mannes Jeremy mag dies verdeutlichen.
„Eines Tages erntete ich Gemüse im Garten des White-Eagle-Zentrums. Während meiner Arbeit sprach ich eines der indianischen Gebete White Eagles und sagte ‚Danke' für die Blätter und Wurzeln, die ich einsammelte. Deutlich verspürte ich eine Reaktion der Freude, so als ob Stimmen sprachen: ‚Ja, das sind wir! Das sind wir!' Diese spielerisch beschwingte Antwort – ihre Freude, erkannt worden zu sein – gab mir die Gewissheit, dass ich das Bewusstsein jener berührt hatte, die White Eagle ‚Elfen' oder ‚ätherische Arbeiter' nennt." Dieser Aspekt des Engelreiches ist ebenso real und zugänglich wie die in diesem Buch dargestellten erhabeneren Wesen. Eine genauere Beschreibung findet sich in dem Buch „Naturgeister und Engel".

gel Gottes gelebt. Stets haben sie die Menschenkinder auf ihren Erdenwegen begleitet. Die Engel gehören einer anderen Evolutionslinie an als die Menschen, obwohl sie parallel verläuft. Sie sind eng mit der Menschheit verbunden und helfen euch bei eurer Arbeit und eurem Dasein auf Erden.
Ein bestimmter Aspekt der schöpferischen Arbeit der Engel ist ausschließlich der Seelenebene gewidmet und beschäftigt sich mit der Seele eines Menschenwesens ebenso wie mit der Seele des Universums. Göttliche Eigenschaften wie die Liebe werden von den Engeln der Liebe verwaltet; die göttliche Wahrheit von den Engeln der Wahrheit und die göttliche Gnade von den Engeln der Gnade. Diese Engel sorgen für die Seele der Dinge und manifestieren ihre Eigenschaften. Zum Beispiel nehmen sich die Engel der Musik der Form und des Tons der Musik an, um aus der Stille den Klang hervorzubringen. Sie schaffen Musik, damit Körper und Geist die göttlichen Harmonien vernehmen können. Die Engel der Kunst beschäftigen sich mit den Schwingungen der Farbe; die Engel der Religion unterstützen die Schaffung oder den Aufbau geistiger Kräfte bei der Verehrung des Göttlichen. Es gibt auch einen dualen Aspekt im Engelreich – die Engel des Lichts und die Engel der Finsternis. Das Zusammenwirken dieser beiden Aspekte bringt Gleichgewicht hervor – eines der grundlegenden Lebensgesetze.

Wie wir bereits erwähnt haben, müssen wir Gott in unserem Innern finden – Gott in unserem Herzen erkennen, um diese Dinge zu verstehen. Nicht eher als bis der Mensch Gott kennt, vermag er das Universum zu verstehen. Es ist der Christus in uns und im Himmel, von dem wir diese glorreichen Wahrheiten lernen müssen. Die Engel und die Himmelssphären, aus denen sie auf eure Ebene hinabsteigen, liegen nicht so unendlich weit entfernt, wie ihr annehmt. Das Himmelreich ist in dir, und du musst lernen, diesen inneren Himmel zu finden, während du noch in einem physischen Körper weilst.

Was meint White Eagle damit, wenn er sagt, dass wir das „Himmelreich in uns" finden müssen, während wir noch in einem physischen Körper weilen, um das Engelreich zu verstehen und mit ihm in Verbindung treten zu können? Engel „widmen sich der Seelenebene und manifestieren die seelischen Eigenschaften". Er fordert uns daher auf, jene Seelenqualitäten zu entwickeln, aus denen die Engel bestehen, um Kontakt zu ihnen aufnehmen zu können. Um mit dem Engel des Friedens in Verbindung zu treten, muss man inneren Frieden kultivieren. Man kann die Engel nur dann kontaktieren und sich ihrer bewusst werden, wenn man diejenigen Schwingungen im Innern fördert, die mit ihrer Ausstrahlung in Harmonie stehen. Wenn wir hinaus in die Wälder und Felder wandern oder heilige Stätten besuchen, dürfen wir nicht erwarten, Engel zu sehen, ohne mit ihnen im Einklang zu schwingen. Das mag schwierig klingen, aber unser Bestreben und unsere Offenheit sowie unser Glaube an die gegenseitige Verbundenheit sind der Schlüssel dazu.

Wir können sie ganz einfach um Hilfe bitten, um innerlich still zu werden und Frieden zu finden. Diese Hilfe wird uns zuteil werden, wenn wir uns tatsächlich darauf einstellen, friedvoll zu sein, und gewillt sind, all das loszulassen, was dem Frieden und der Stille im Wege steht. Dann können die Engel des Friedens nahe an uns herantreten und die Entfaltung dieser Seelenqualität in uns fördern, da es zu ihrem Aufgabenbereich gehört.

White Eagle erläutert, wie wir auf diese Weise in Einklang mit der Ausstrahlung der Engel schwingen, und spricht ebenfalls über die Bedeutung richtigen Denkens. Er betont die Notwendigkeit des reinen Gedankens und der positiven Lebenseinstellung.

Wir sprechen oft von der Gegenwart der Engel, aber vielleicht erkennt ihr noch nicht die Bedeutung ihrer Arbeit. Wir möchten euch zu verstehen geben, dass das Zusammenwirken der Naturkräfte und der menschlichen Gedankenkraft gewisse Manifestationen auf physischer Ebene hervorruft. Die Menschheit kann nicht alleine arbeiten; ihr müsst wissen, wie ihr die Naturkräfte anrufen könnt, deren Aufgabe darin besteht,

einem Träger des Lichts in seiner oder ihrer Arbeit beizustehen. Ebenso müsst ihr die Bedeutung eures täglichen Denkens sowie eurer Einstellung zum Alltag und den kleinen Dingen begreifen. Je tiefer ihr in die geistigen Lebensmysterien eintaucht, desto wesentlicher wird die Reinheit des Gedankens und der Bestrebung. Doch der Gedanke als solcher besitzt nur wenig Macht, wenn er nicht vom Geiste angeregt wird.
Die alten Philosophen pflegten zu sagen: „Wie oben, so unten." Wenn ihr etwas in der Meditation erkennt und zudem lernt, weiser, reiner und wahrer zu meditieren, werdet ihr das im Irdischen manifestieren, was ihr im Lichte der Meditation wahrnehmt. Ihr seid Gottes Instrument auf Erden. Ihr könnt den ätherischen Arbeitern, jenen Wesen, die das Wachstum der Pflanzen fördern, die der Erhaltung der Menschheit dienen und den Engeln der Luft, die alles Schöpferische inspirieren, beachtliche Hilfe leisten. Am meisten aber könnt ihr durch eure auf Gott ausgerichteten Gedanken und eure Liebe helfen. Alle guten Gedanken für eure irdischen Gefährten hinterlassen ihre Spuren. Sie werden als Licht verzeichnet. Von dem so aufgebauten Lichtkörper tragen die Engel den guten Gedanken zu anderen, damit noch mehr inkarnierte Seelen diesen Strom konstruktiven Denkens empfangen. Auf diese Weise baut sich eine starke positive Gedankenkraft auf, eine Lichtkraft.

Dieses Reservoir von Macht und Liebe erschafft ihr mit Hilfe der Engel der Form. Durch ihr Wirken nehmen die Gedanken und Impulse, die eurem höheren Selbst entströmen, Gestalt an.

Die Engeln treten nahe an jene heran, die aufrichtig für Frieden, Heilung, Liebe und Schönheit, für ihre Lieben, die Menschheit und die Erde selbst beten.

Einstimmung auf die Gegenwart der Engel

Männer und Frauen werden mit den Engeln wandern und sprechen, doch bedenkt, es bedarf eines Engels, um einen Engel zu erkennen. Ihr zieht das an, was ihr selbst seid. Daher müsst ihr die erforderlichen Eigenschaften in euch entwickeln.

In den folgenden Kapiteln werden wir White Eagles Beschreibung der Eigenschaften von Engeln betrachten sowie die Wege, auf denen wir entsprechende Qualitäten in uns zu entwickeln vermögen. Unsere Ausdauer und Geduld ermöglichen es uns schließlich, mit dem Engelreich in Verbindung zu treten, sodass wir die Gegenwart der Engel erfahren und enger mit ihnen zu-

sammenarbeiten können. Dadurch „beleben wir unsere Gedanken mit der Kraft des Geistes", wie White Eagle es ausdrückt.
White Eagle hat die ätherische Erscheinungsform der Engel beschrieben, die wir zu diesem Zeitpunkt vielleicht noch nicht „sehen". Doch die Vorstellung ihrer Gestalt (oder zumindest wie die Engel uns erscheinen mögen) hilft uns, ein Gefühl für ihre Anwesenheit zu bekommen. Dieses Empfinden und das teilweise Verstehen ihres Wesens prägen sich unserem Geist und unserem Herzen ein. Unterstützt durch Kontemplation und Meditation schafft dieser Eindruck eine Schwingung, von der die Engel angezogen werden.

Die Engel in den geistigen Welten, die euch beschützen und lieben, freuen sich über eure Reaktion auf ihren Einfluss und ihre Hilfe. Es wäre nicht gut für euch, wenn ihr die Strahlkraft dieser geistigen Wesen, die mit euch arbeiten, völlig erblicken könntet. Ihr wäret nicht fähig, euer Erdendasein zu leben, würdet ihr die Schwingungen dieser gottähnlichen Brüder zu stark empfinden. Doch gelegentlich geben wir euch ein Bild von ihrer Schönheit und ihrer Liebe. Ihr sprecht von Liebe und sehnt euch nach Liebe; ihr dient tapfer, und dennoch, die Schönheit dieser Lichtwesen könnt ihr noch nicht erfassen.
Die Engel besitzen die zweifache oder dreifache Grö-

ße eurer selbst, ausladende Schwingen und eine strahlende, grenzenlose Aura. Breite Lichtstrahlen gehen wie Federn von ihnen aus und sie bringen Frieden und Liebe. Ihre kreisförmig dem Kopf entspringende Ausstrahlung gleicht weißen Flügeln. Wenn wir von geflügelten Wesen sprechen, meinen wir damit, dass die Kraftfelder dieser ätherischen Wesen die Formen von Schwingen annehmen. Erblickt man sie nur flüchtig, hinterlassen sie den Eindruck einer hochgewachsenen Menschengestalt mit Flügeln. Diese „Flügel" sind Strahlen der Kraft und Stärke, die einhüllend und beschützend wirken und von denen Gotteskräfte ausströmen.

KAPITEL 5

Anna Hayward / White Eagle

Von Engeln behütet und geführt

Die überwältigende Zärtlichkeit und Ehrfurcht, die wir bei der Geburt eines Kindes fühlen mögen (ebenso wie beim Tod eines Menschen), beruht auf der Gegenwart seines Engels. In diesen Augenblicken sind die Engel besonders nahe, da sich die Seele in Begleitung ihres Schutzengels inkarniert. White Eagle sagt:

Wir möchten, dass ihr euch die geistigen Reiche als Sphären des Lebens, als Welten vielfältiger Schönheit vorstellt, die sich von der Erde bis in die höchsten Himmelsbereiche erstrecken. Doch selbst zur höchsten Höhe kann von der Erde aus Verbindung aufgenommen werden. Geistwesen können durch die Ebenen herabsteigen oder über ein eingestimmtes Medium mit einem Mann oder einer Frau auf der Erde Kontakt aufnehmen. Das einfachste Gotteskind ist nicht ohne seinen Schutzengel. Die Chakras eures Ätherkörpers bilden die Brennpunkte, durch die diese Führer und Engelhelfer mit euch in Verbindung treten können.
Zum Zeitpunkt der Geburt eines Menschen und sogar vor der eigentlichen Geburt des Babys beginnt der

Schutzengel seine Arbeit. Sobald eine Seele die Entscheidung trifft, sich zu reinkarnieren, begibt sie sich in die Obhut des Schutzengels. Bei ihrer Annäherung an ihre zukünftigen Eltern wird der Weg geistig vorbereitet. Der Schutzengel kümmert sich um die Gestaltung des physischen Körpers. Nicht nur er wohnt der menschlichen Geburt bei, sondern auch ein Bote der göttlichen Mutter. Der Schutzengel begleitet die Seele während ihres ganzen Lebens, und wenn diese in die Geisteswelt hinübergeht, wird sie von ihm dort empfangen.

Der Schutzengel wirkt unter der Führung der Herren des Karma, da die in seiner Obhut stehende Seele zurückkehrt, um karmische Schulden abzutragen und dabei bestimmte Lektionen zu lernen. Die Aufgabe des Schutzengels besteht darin, zu inspirieren, zu führen und zu helfen, aber niemals, um die Seele zu zwingen. Die Willensfreiheit des Menschen wird stets respektiert. Die Seele muss wählen, doch gleichzeitig wird euch jener helfende Einfluss zuteil. Wenn ihr in die physische Inkarnation tretet, werdet ihr von zwei Wesenheiten begleitet, dem Führer und dem Engel. Lasst es euch zur Angewohnheit werden, diesen beiden, die euch stets zur Seite stehen, euer Vertrauen zu schenken. Seid euch ihrer auf eurer Wanderung voll bewusst und vertraut ihnen, denn sie sind Gottesboten.

Der Schutzengel ist ebenfalls mit dem Karma der Person befasst. White Eagle sagt dazu:

Bis zu dem Grade, in dem die Seele auf die himmlischen Einwirkungen reagiert und damit auf ihrem Pfad vorangeschritten ist, wird sie auch von menschlichen Problemen bedrängt. Ihr könnt auf diese Schwierigkeiten – meistens innerhalb menschlicher Beziehungen – antworten, indem ihr euch entweder von dem höheren geistigen Impuls leiten lasst oder aber von den Instinkten des niederen Selbst. Der Schutzengel hilft der Seele, wenn diese um seine Hilfe bittet, indem er sie führt und stärkt. Engel sind die Boten Gottes, die gesandt werden, um einer Person mittels geistiger Erfahrungen zu helfen. Jedes Mal, wenn ihr auf einen höheren, guten und geistigen Impuls reagiert, hilft euch euer Schutzengel.

Eine persönliche Geschichte mag dies verdeutlichen. Ich versuchte, mit einer schwierigen Situation fertig zu werden, aber meine eigenen negativen Gefühle standen mir im Wege. Ich bat daher immer wieder um Hilfe, diese negativen Gefühle loszuwerden, zunächst in unbestimmter Weise, dann aber mit der bewussten Anrufung von White Eagle und meinem Führer. Nach einer Weile erkannte ich jedoch, dass es unser Schutzengel ist, der uns in solchen Situationen hilft. Ich spürte, wie mein Schutzengel zu mir herantrat – vollkommen still, gelassen und in reiner Liebe –, als ich diese nutzlosen Gefühle loslassen und wieder mit der Liebe in Berührung treten konnte.

Aufgrund der Ausübung der Meditationsmethode von White Eagle wurde ich mir der Gegenwart der Engel in bestimmter Weise bewusst (obwohl es bisweilen viel allgemeiner sein konnte). Die Empfindung meines physischen Körpers konzentrierte sich im Bereich meines Kehlkopf-Chakras. Das mag daran liegen, dass dieses Chakra, aus karmischer Sicht gesehen, auf die Ätherebene, die die Engel erreichen können, reagiert. Ein Gefühl tiefen Friedens breitete sich von diesem Zentrum aus, und gleichzeitig schien mich die Farbe des Engels – hauptsächlich ein tiefes Indigoblau – zu umhüllen.

Ich erkannte, dass der Schutzengel uns mit unserem Karma und unseren Möglichkeiten im Leben in Verbindung bringt und uns hilft, damit umzugehen. Er verfügt auch über die Mittel, uns beizustehen, dieses Karma aufzulösen, wenn wir es wirklich wollen und tatsächlich bereit sind, anzunehmen und loszulassen.

Wenn wir mit irgendwelchen negativen Gefühlen kämpfen – mit Unwille, Schmerz, Müdigkeit, geistiger Unruhe, mit allem, was den Fluss der Liebe, die Verbindung zur Liebe behindert – und wir uns wirklich danach sehnen, sie loszuwerden, es uns aber schwer fällt, dann wird uns unser Schutzengel helfen. Vielleicht erlaubt es unsere wahre Hingabe dem Engel (beachtet die Willensfreiheit des Menschen), unsere Aura mit seiner Farbe zu überfluten, was uns mit unserem wahren, liebe- und friedvollen Selbst und unserem wahren Seelenzweck wieder verbinden kann. In *„Naturgeister und Engel"* hat White Eagle Folgendes über den Schutzengel gesagt:

Euer Schutzengel verlässt euch niemals. Vom Augenblick eures Eintritts in das vergängliche Leben bis zu dem Zeitpunkt, da ihr es wieder verlasst und sogar danach, bleibt euer Schutzengel mit euch in Berührung. Er kümmert sich um euer Karma und führt euer Leben unter der Leitung der Herren des Karma. Der Engel ist unpersönlich in dem Sinne, dass seine Arbeit darin besteht, darauf zu achten, dass ihr Gelegenheiten entgegengeführt werdet, durch die ihr Karma begleichen könnt oder gutes Karma erarbeitet, um es dem Haben auf eurem Konto hinzuzufügen. Daher ist jede Erfahrung eine Gelegenheit... Aber wenn ihr fallt und alles chaotisch ist, denkt an den Helfer an eurer Seite. Euer Schutzengel hat euch fallen gesehen, aber er wird euch nicht verurteilen. Er spricht nicht: „Ich habe es dir doch gesagt." Stattdessen vernehmt ihr ein Raunen in eurem Herzen: „Mut ... ich werde dir helfen, wieder aufzustehen. Schaue empor, blicke hinaus! Gott weilt immer noch im Himmel und alles ist in Ordnung."

Bei einer anderen Gelegenheit beschrieb White Eagle, wie der Schutzengel eine Seele auf den inneren Ebenen belehren kann:

In der Astralwelt wird die Seele ihren Schutzengel manchmal in Dunkelheit verschleiert vorfinden. Der Sinn dieser Tarnung liegt darin, dass jede Seele vollkommenes Gottvertrauen erlangen und wissen muss, dass, gleichgültig was oder wen sie trifft, Gott stets gegenwärtig ist und ihr deshalb kein Übel widerfahren kann. Wenn die Seele fest im Gottvertrauen verankert ist, wird aus dieser Tarnung ein wunderbarer Lichtengel hervortreten. Tief in unserer Seele sollten wir alle wissen, dass hinter jedem dunklen Geschehen, hinter jeder Schwierigkeit ein verborgener Segen liegt. Ihr alle müsst diese Zuversicht und diesen Glauben an Gott und an die göttliche Magie entwickeln, damit im richtigen Augenblick – in der vom Herrn ausgewählten Stunde – dieses Wunder geschieht, die dunklen Schleier abfallen und der strahlende Engel hervortritt – die Herrlichkeit göttlichen Lebens.

Abschließend möchte ich ein Ereignis im Leben eines Mitglieds der Gemeinschaft in der Schweiz beschreiben. Die bewegende Geschichte dieses Mannes scheint das widerzuspiegeln, was über die Schutzengel gesagt worden ist.

Es handelt sich um einen Unfall, den er als junger Mann erlitt und der den Rest seines Lebens beeinflusste. Damals arbeitete er als Techniker in einem Chemielabor in London, als er eines Tages allein ins Labor ging, um irgendeine Arbeit zu überprüfen. Im Augenblick, da er durch die Tür schritt, sah er unverkennbar die Gestalt eines Engels. Näher hinschauend, bemerkte er, wie der Engel unendlich zärtlich und mitfühlend sein Gesicht mit beiden Händen bedeckte. Einige Minuten später, als der Mann die Apparatur untersuchte, explodierten die Chemikalien in sein Gesicht und ließen ihn für immer erblinden. An dieser Stelle soll nicht auf den Rest seines Lebens eingegangen werden, doch mit Hilfe seiner Frau setzte er sein Werk fort und leistete die wunderbarste spirituelle Arbeit, die, ohne zu übertreiben, das Leben von tausenden berührte; was sicher nicht geschehen wäre, hätte er sein Augenlicht behalten. Aus dieser Geschichte können wir entnehmen, dass der Engel ihn nicht in einer Weise warnte, die den Unfall verhindert hätte, da dieses schmerzliche Erlebnis vielleicht zu seiner Lebensaufgabe gehörte. Doch der Engel, von dem wir annehmen können, dass es sich um seinen Schutzengel handelte, machte sich eindeutig und liebevoll bemerkbar, um ihm zu zeigen, dass er zugegen war, was immer auch geschehen sollte. Er ließ ihn wissen, dass er seine Seele durch diesen Wendepunkt in seinem Leben tragen würde.

KAPITEL 6

Flower A. Newhouse

Unsere unsichtbaren Helfer

Wenn wir beten, wird uns bisweilen Hilfe aus gänzlich unerwarteten Quellen zuteil. Auf vielen Ebenen und in zahlreichen Dimensionen findet sich Leben. In diesen höheren Sphären werden unsere Gebete von den verschiedensten Arten sich weiter entwickelnder Wesen aufgegriffen.

Die spirituellen und materiellen Bedürfnisse der Menschen erfahren gleichermaßen Prüfung und Beistand durch jene, die der Menschheit dienend zur Seite stehen. Nur auf der physischen Existenzebene bleiben die übernatürlichen Aktivitäten unseren äußeren Sinnen verborgen.

Zwei Evolutionslinien weisen Wesenheiten auf, die an den Nöten der sterblichen Menschen Anteil nehmen. Diese Intelligenzen beginnen beim Menschen, der den Tod durchschritten hat, und setzen sich fort zu Herren (Lords) und Logoi, die jenseits unseres menschlichen Verständnisses stehen. In der Evolution der Engel kommt der Beistand von Devas, Engeln, Erzengeln, und Archai.

Bei Katastrophen auf Erden, wie Erdbeben, Sturmfluten, Unglücken oder Kriegen, werden die Helfer an die

Schwelle zwischen der äußeren und inneren Welt gerufen. Hier wird den Ängstlichen, Leidenden und Sterbenden Hilfe zuteil. Eine meiner Freundinnen, die Erinnerungen an ein vorhergehendes Leben mitbrachte, war in einer Schlacht gefallen. Sie erinnerte sich, an jenem Schwellenbereich Kraftströme wahrgenommen zu haben, die von einer gewaltigen Gestalt ausgingen, welche die Soldaten mit der lieblichsten Stimme aufforderte aufzustehen.

Sie berichtete weiter, wie alle gefallenen Soldaten um sie herum zu den Füßen dieses herrlichen Wesens strömten. Nach Zug- oder Schiffsunglücken wird von Wesen aus der Menschen- und Engelevolution für die Verunglückten gesorgt. Die Toten erwachen auf den inneren Ebenen in der Obhut vieler Helfer, die hier voller Verständnis und mit segensreicher Hilfe wirken. Jene Seelen, die auf diese Weise helfend eingreifen, heilen Menschen, die unter gewaltsamen Umständen auf die andere Seite hinüberwechseln.

Oftmals beten Erdenbewohner ernsthaft um inneren Beistand, eine schlechte Angewohnheit zu überwinden. Ein Alkoholiker, der mir sein Vertrauen schenkte, erzählte mir vor seinem Tod, dass er in den schwierigsten Momenten seines Lebens eine Petrus ähnliche Gestalt erblickt habe, die in blauen Nebel gehüllt gewesen sei. Immer wenn er um Hilfe bat, erschien dieses Wesen, und die Sucht ließ nach. Gelang es ihm nicht, um

Stärke zur Überwindung der Sucht zu bitten, blieb auch das blaue Wesen aus.
Ein betender Mensch erhält Beistand entsprechend seiner Charakterentwicklung und Evolutionsstufe. Lebt jemand eher vor sich hin und besitzt keinerlei spirituelle Interessen, gelangen seine Bitten nur bis in die Astralwelt und sprechen dort Helfer an, die auf Erden ein ähnliches Leben wie der Bittende führten. Diese Seelen haben sich der Aufgabe geweiht, in Not geratenen, betenden Menschen beizustehen. Ein astraler Helfer mag eine Zuneigung zu einem verzweifelten Künstler entwickeln und diesem seine ganze Aufmerksamkeit schenken. Angenommen, dieser Künstler ist süchtig und bittet um das Freikommen von seiner Sucht. Es könnte sein, dass sich ein ehemaliger Künstler in der Astralwelt seiner annimmt. Ist er dann in der Lage, die Versuchungen für den lebenden Menschen erträglich zu gestalten, ist keine weitere Hilfe notwendig. Erkennt er jedoch, dass die Verstrickung des Künstlers in die Sucht bereits zu stark ist, wird er die Aufmerksamkeit und Unterstützung einer Gruppe von Helfern anregen. Daraufhin wird der betroffene Mensch die Eingebungen und Energien einer Gemeinschaft von Helfern erhalten, die wissen, wie sie wirksam zusammenarbeiten können. Während sie um den Künstler kämpfen, bildet sich aus ihrer Arbeit heraus ein Archetyp, der den Menschen noch lange Zeit begleiten wird.

Ist derjenige, der der Hilfe bedarf, nicht offen für Eingebungen, wird nach einem oder mehreren inkarnierten Freunden gesucht, die Einfluss auf ihn nehmen können. Jene Freunde werden dann Impulse zur Unterstützung des Gefährten erreichen.
Von der Seite der Engel her wird entweder ein Helferengel oder ein Schutzengel jede Gelegenheit ergreifen, die Willenskraft des Menschen zu schulen. Tritt eine Krisis ein, wird der Engel den Rat eines Erzengels oder Meisters suchen.
Auf den inneren Ebenen wird alles unternommen werden, um einem Menschen zu helfen, doch wird nur selten, wenn überhaupt, in das Karma des Betroffenen eingegriffen, da sich Charakter und wahre Entscheidungskraft über die menschlichen Schwierigkeiten entwickeln. Jene, die unbelehrbar sind, benötigen bei ihrem Tod die größte Unterstützung. Menschen, die in verwirrter oder rebellischer Geisteshaltung auf die inneren Ebenen überwechseln, werden von Helfern zu Plätzen geleitet, die an Krankenhäuser erinnern. Hier beruhigt man sie auf spirituelle Weise und bereitet sie später auf ein Leben in der Astralwelt vor.
Verstockte und grobe Menschen werden an der Schwelle von weisen und friedvollen Seelen empfangen, die sie durch die Seen der Läuterung und Erneuerung geleiten. Danach begrüßen sie ihre Angehörigen und Freunde in den inneren Welten.

Selbstmörder werden von kräftigen Helfern der Astralwelt in Empfang genommen, die geduldig bei ihren Schützlingen bleiben, bis diese sich an das Leben in den inneren Welten gewöhnt haben.
Eine bestimmte Gruppe von Wohltätern steht jenen bei, die durch Alkoholismus, Drogenmissbrauch, Totschlag oder Mord ums Leben kamen. Diese helfenden Wesen haben meistens selbst einer dieser unheiligen Tendenzen gefrönt.
Menschen, die eher unempfindlich für höhere Werte sind, vermögen es nicht, Wesenheiten aus feineren Ebenen wahrzunehmen. Sie lassen sich nur von Seelen ansprechen, die ihnen einst ähnlich waren, doch die Fesseln niederer Triebe und Gewalt bereits abgelegt haben und sich seitdem ihren Aufgaben widmen.
Verstorbene Kinder werden in den höheren Welten von Pflegemüttern umsorgt, deren einziges Streben darauf gerichtet ist, die Kinder zu pflegen und zu erziehen, damit sie emotional und mental heranreifen können. Diese Helfer können, müssen jedoch nicht auch auf Erden Mütter gewesen sein.
Devas (Naturgeister), die auch Menschen in ihre Freundlichkeiten einschließen, können sich bisweilen von einem Erdenbewohner aufgrund dessen Liebe zur Natur, zur Religion, zur Kunst oder zu Zeremonien angezogen fühlen.
Menschen, die ihr Erdenleben sinnvoll führen und die

zudem noch ein stark ausgeprägtes Liebesbewusstsein und hohen Idealismus in sich tragen, erregen fast natürlich die Aufmerksamkeit der Devas und Engel. Kreative Menschen, die musikalisch, tänzerisch, malerisch oder sprachbegabt sind, faszinieren die Devas.

Es ist möglich, dass Devas sich dermaßen für ein Individuum interessieren, dass sie in dessen Aura hineingezogen und daraufhin in menschlicher Gestalt und geboren werden.

Während Devas oftmals die Verantwortung für Personen übernehmen, die künstlerische Talente oder einzigartige Charaktereigenschaften besitzen, bemühen sich Engel um jene, die große Ehrfurcht vor dem Göttlichen in sich tragen und die versuchen, aufgrund ihrer Offenheit für das Göttliche ein Leben in Harmonie zu führen.

Schutzengel, Heilungs- und Einweihungsengel bemühen sich darum, die Menschheit zu ermutigen, sich aus ganzem Herzen und bewusst dem göttlichen Willen zu weihen.

Entwickelte Seelen werden nach ihrem Tode von ihren Lehrern und Helfern auf den inneren Ebenen und den Familienmitgliedern und engen Freunden in Empfang genommen. Die Nachricht, dass ein Mensch, der ihnen auf Erden nahe stand, die Lebensebene wechseln wird, geht telepathisch an all jene, die es betrifft. Einige der ehemals vertrauten erwartenden Rückkehrenden an der

Schwelle, andere wiederum warten, bis jener sich erfrischt hat.
Heilige, die einstmals über die Erde schritten, nehmen jeden Ruf auf, der in ihrem Namen ergeht. Sie besitzen eine tiefe Spiritualität und weitreichende Fähigkeiten. Daher vermag eine heilige Seele aufgrund von größerem Wissen und größerer Macht besser zu helfen als die weniger entwickelten Seelen.
Jeder Eingeweihte, der in den höheren Welten weilt, bemüht sich um die Erneuerung und Weiterentwicklung von Wesen, die sich auf der inneren oder der äußeren Ebene aufhalten. Sie selbst steigen dabei die Leiter der Evolution hinauf und werden letztlich ihrer Pflichten entbunden, wenn diejenigen, denen sie beistanden, zur Erleuchtung gelangen oder den Pfad des Fortschrittes betreten.
Meister und Herren arbeiten ohne Unterlass für das Wohlergehen und die Entwicklung aller Seelen auf jeder Ebene. Sie beobachten und ermutigen insbesondere jene, die spirituelle Ziele haben. Erreicht ein Mensch die Stufe, auf der ihm höhere Weisungen und Unterstützung zustehen, werden ihm diese zuteil. Wiederum führen ähnliche Vorlieben und Erfahrungen jene Adepten und Schüler zusammen, die sich am besten ergänzen.
Wir nähern uns einem Zeitalter, in welchem sich die höheren Fähigkeiten der Menschen zu entfalten beginnen.

Dann wird die Menschheit, aus sich heraus, um die Fortdauer des Lebens und die unermessliche Hilfe der selbstlosen Wesenheiten auf den inneren Seinsebenen wissen.

Eines Tages wird ein jeder von uns in das Land Gottes eintreten. Wir sollten unsere Gedanken zu einem Großteil auf die Vorbereitung dieses Ereignisses verwenden. Was auch immer „ungemeistert" in unserem Wesen ruht, wird uns in bestimmten Bereichen der inneren Welten so lange aufhalten, bis wir diese Fesseln abgelegt haben. Es ist sehr bewegend, mit anzusehen, wie sich zwei Seelen in den inneren Welten trennen müssen; die eine wandert zu der Ebene, die sie sich verdient hat, und die andere wird aufgrund von Vorurteilen, Egoismus oder anderer Begrenztheiten, die sie in ihr Leben in die inneren Welten mitbrachte, in bestimmten Bereichen festgehalten.

Auf Erden können wir beobachten, wie sich Freunde über die kleinsten Meinungsverschiedenheiten entzweien. Diese Tendenz, hypersensibel, kleinlich und unversöhnlich zu sein, trennt sie auch von Seelen, die ihnen wahrhaft auf Erden beistehen möchten. Stirbt ein solcher Mensch, der nicht in der Lage war zu vergeben oder nicht um Vergebung bat, als dies anstand, wird er sich auf den inneren Ebenen furchtbar grämen. Ihm wird dann auch bewusst werden, dass er erneut in ein Erdenleben eintreten muss, um seine störrische und dumme Haltung wieder gutzumachen. Für Menschen, die auf Erden nicht gelernt haben, zu vergeben und die Fallstricke menschlicher Schwächen in Stufen gegenseitiger Hilfestellung zu transformieren, wird der Weg der Evolution auf den inneren Ebenen sehr lang sein.

Wie herrlich ist es doch, Anzeichen unserer innewohnenden Talente zu erkennen, die uns wie Wunder erscheinen. Eine Freundin, deren inneres Auge erwacht, sieht immer strahlendes Licht. Ihr erscheinen die Menschen und Landschaften weit lebendiger als in der Vergangenheit. Sie betrachtet zwei Automechaniker, die ihren Wagen reparieren, und plötzlich erscheinen sie ihr wie strahlend, so als hätte man sie gerade „poliert“. Einer der jungen Männer sieht so „schön“ aus, dass sie ihn kaum noch für menschlich hält. Wohin diese Frau auch geht, alle Personen sind für sie transformiert. Ihre innere Wahrnehmung nimmt das vorweg, wovon jede Seele einst zeugen wird. Aber die größte aller Wahrnehmungen wird die Fähigkeit der Menschen sein, jene Wesen zu erkennen, die in den Reichen jenseits der physischen Welt wandeln.
In der Zwischenzeit sind wir umgeben von Heerscharen, die unsere Nöte und Wünsche erkennen und uns mit innerer Freude beistehen.

Die Existenz der Engel

Wir sind ständig von heiligen Wesenheiten umgeben, sind uns ihrer jedoch meistens nicht bewusst. Viel zu ausgiebig beschäftigen uns die äußeren Lebensumstände. Doch wie wichtig wäre es, erinnerten wir uns täglich der Wesenheiten, die um uns sind und die wir mit unserem physischen Sehvermögen nicht zu sehen im Stande sind. Wir sollten uns der Energien, Kräfte und Wunder höherer Seinsdimensionen beständig bewusst sein, da der Großteil jenes Guten, das zu unserer Erweckung beiträgt und uns zum Segen gereicht, aus den Sphären kommt, die jenseits unseres physischen Wahrnehmungsvermögens liegen. Wir sollten uns verstärkt bemühen, etwas über jene Welten und Intelligenzen zu erfahren, die uns in der Zeit zwischen zwei Erdinkarnationen vertraut sind, und die uns noch vertrauter sein werden, wenn unser letztes Erdenleben seinen Abschluss findet.

Unser Herr Jesus Christus übt von seinem Aktivitätszentrum in den höheren Welten einen außerordentlichen Einfluss auf die Menschheit aus. Er sendet mächtige Gedankenströme, die tausende von Archetypen enthalten, zum Wohle und zur geistigen Erneuerung der Menschheit aus. Die Nationen empfangen diese Gedankenströme, während der Einzelne eher Archetypen (oder neue Ideale) aufnimmt.

Christus steht über den Engeln und den Menschen. Er setzt die Hilfe der Engel bei der Evolution der Menschheit ein. Ihm ganz besonders gehört die Liebe und ehrerbietige Unterstützung jener Engel, die vor allem an der spirituellen Seite der inneren Entwicklung interessiert sind.
Ich habe ausführlich über die umfangreiche Ordnung der Engel-Hierarchie in Büchern berichtet, die diesem Thema gewidmet sind.[1])

Meine Absicht in diesem Kapitel ist es, an jene Engel zu erinnern, denen wir höchstwahrscheinlich in den höheren Welten begegnen. Aufgrund der mutigen Taten des Erzengels Michael und zu seinen Ehren wurde ein Festtag nach ihm benannt. Dieser Festtag soll unsere Aufmerksamkeit auf alle Engel richten, die Gottes Schöpfung dienen. Dieser Tag (29. September) zeigt uns, wie viel mehr wir an die Engel denken sollten, um uns nur einen Teil dessen zu verdienen, was sie bereits für uns tun.
Engel geleiten uns zum Tor unserer Geburt. Sie führen uns, nach dem Tod des physischen Körpers, in ein Le-

1) Vgl. Engel und Devas, Grafing 2002, und Lichtwesen, Grafing 2001.

ben in den höheren Dimensionen. Haben wir geistige Einweihung erfahren, so wacht ein Schutzengel über uns, der von diesem Zeitpunkt bis zu unserer dritten Einweihung bei uns bleibt (doch es gibt auch Ausnahmen, bei denen es die Schutzengel vorziehen, ihre Aufgabe bis zur Meisterschaft zu versehen).

Jeder von uns unterliegt der Beobachtung eines besonderen Erzengels, der als „Kindel“ bekannt ist. Er trägt zwischen den Inkarnationen die Verantwortung für unser „Lebensmuster“ – aufgrund dessen er entscheidet, wie unser zukünftiges Erdenleben am besten gestaltet werden sollte. Nach dem Tode und nach einer ausführlichen Lebensrückschau erscheint dieser „Kindel“ erneut vor uns und stellt uns folgende Fragen:

1. Wie selbstlos hast du gelebt? Wie viel mehr Selbstlosigkeit vermochtest du, im Gegensatz zu deinem früheren Leben, zu entwickeln?
2. Auf welcher Grundlage vollzogen sich deine Beziehungen zu Verwandten, Freunden, Mitarbeitern und Fremden? Wusstest du menschliche Beziehungen zu schätzen, und verhieltest du dich liebevoll, verständnisvoll und hilfsbereit anderen gegenüber?
   Für welche besonderen karmischen Verpflichtungen bemühtest du dich um eine liebevolle Lösung und Aufarbeitung?
3. Welche allgemeinen moralischen Schulden ver-

mochtest du zu tilgen und welche Verpflichtungen ludest du neu auf dich?
4. Wie sehr vermochtest du deinen Charakter auszubilden und wie gut wusstest du deine Talente zu nutzen?
5. Welche Lebensregel bereitete dir Schwierigkeiten?
6. Wie beständig wandtest du die geistigen Wahrheiten an, die du respektierst?
7. Führe jene Zeiten an, von denen du glaubst, dass sich deine Lebensführung mit deinem Glauben in Einklang befand.

Obwohl ein „Kindel-Erzengel“ zahlreiche Verantwortungen und Aufgaben innehat, umhüllt er jeden, dessen Leben er bewertet und beurteilt, mit seiner freundlichen Zuwendung und seinem gütigen Wohlwollen. Er behandelt uns wie seine Kinder, die er mit verschiedenen Aufgaben entsendet, wobei er der Lösung dieser Aufgaben große Bedeutung beimisst.
Ungefähr ein Jahrhundert vor unserer Inkarnation ruft uns der „Kindel-Erzengel“ zu sich. Er führt uns mehrere Lebensmuster vor, da eine gewisse Linie zwei oder mehr Leben verbinden mag. Wenn er mit uns unsere neue Verkörperung bespricht, zeigt er uns oft Szenen aus früheren Leben, in denen uns ein Charakterzug zu eigen war, der zerstörerisch wirken könnte oder in denen eine fortgesetzte Sehnsucht aufkam, die jetzt ihre

Erfüllung und ihren Sinn gefunden hat. Er gewährt uns vielfältige Auswahlmöglichkeiten hinsichtlich unserer zukünftigen Eltern, unseres Geburtslandes, unseres Lebenspartners, unserer Arbeit, unserer Bedürfnisse, Pflichten und der Überwindung von Schwierigkeiten. Er ermutigt uns, Entscheidungen zu treffen, durch welche karmische Schulden gelöscht werden, aufgrund dessen wir einen besseren Charakter entwickeln und zur besten inneren Entwicklung geführt werden, die uns zusteht.

Es ist faszinierend zu beobachten, wie unsere Leben miteinander verknüpft sind. Kinder, die mit geistigen Neigungen und einem spirituellen Charakter zur Welt kommen, können auf einen Lebensweg vollständiger Hingabe an die göttliche Wirklichkeit zurückschauen. Jene, die geistig erst erwachen, wenn sie auf dem Höhepunkt des Lebens stehen, zahlen dafür, dass sie ihr vergangenes Leben auf materielle und weltliche Ziele beschränkt hatten. Stirbt ein Mensch, dessen Leben vollständig auf materielle Ziele ausgerichtet war, im Alter von vierzig Jahren, so wird er sich in der gegenwärtigen Inkarnation nach dem vierzigsten Lebensjahr mit Idealen und Zielen befassen, denen er zuvor keine Beachtung geschenkt hatte. Wann immer ein Meister oder ein höherer Engel über uns Information wünscht, darf er in unser Lebensmuster Einsicht nehmen, was vergleichbar ist mit dem Einblick in die Akasha-Chronik. Haben wir unsere Erden-Evolution abgeschlossen, werden unsere fortlaufenden Lebensmuster an die Großen Engel übergeben, die die Verantwortung für die Akasha-Chronik tragen.

Es gibt in jedem Lebensmuster gelegentlich „offene Schlüsselperioden". Dabei handelt es sich um Zeitabschnitte, in denen wir nicht wissen, welche Richtung wir einschlagen oder was wir tun sollen. Diese Zeitabschnitte dienen als Prüfungen, die dazu bestimmt sind, dass wir uns frei vom Schicksal entfalten dürfen. Während eines solchen Zeitabschnittes leiden wir, da uns das Leben sinnlos erscheint. Begegnen wir diesen Prüfungen mutig, fröhlich und standhaft, vermögen wir eine Sprosse zu überspringen auf der Leiter inneren Wachstums. Zeigen wir während dieser „offenen Schlüsselperioden" Tapferkeit und Weisheit, übermitteln wir damit Freude und Dank an unseren ehrwürdigen und geduldigen „Kindel-Erzengel".
Ein anderer Engel, der dazu beiträgt, unser Bewusstsein zu erweitern, ist der „Engel der Gegenwart Christi". Eine solche Wesenheit ist keinesfalls eine herrliche Gedankenform, wie es die liberalkatholische Kirche glaubt. Es handelt sich um eine strahlende und lebendige Individualität, die sich vollkommen der Aufgabe gewidmet hat, dem Werk unseres Herrn Jesus Christus in den Kirchen Leben zu verleihen. Sie strahlen in höchs-

tem Maße Christustreue aus. Aus diesem Grunde findet man eine solche Wesenheit nicht in jeder Kirche.
Ein „Engel der Gegenwart Christi" ist vor allem während spiritueller Gottesdienste oder während des Heiligen Abendmahles anwesend. Während des Gottesdienstes bemüht er sich, die Schwingung der Gemeinde zu erhöhen. Er verleiht dem Predigenden Kraft, wenn es diesem gelingt, sich innerlich leer zu machen oder innere Klarheit zu erreichen. Er unterstützt alle Engel im Altarraum bei ihrem Wirken. Während einer Eheschließung vereinigt der Große Engel die Aura des Paares und schließt das karmische Band. Er schwebt während der Trauungszeremonie über dem Pfarrer oder dem Priester. Zu diesem besonderen Gottesdienst erscheinen die „Kindel" der Eheschließenden (es sei denn, das Paar besitzt einen gemeinsamen „Kindel-Erzengel") und die Schutzengel. Jede Wesenheit spricht den Segen für das Wohlergehen des Paares und das Gelingen ihrer Ehe aus. Es wäre fast schändlich, die Erwartungen dieser Heerscharen zu enttäuschen.
Eine weitere Gruppe von Engeln, die uns beschützt, wenn wir uns in physischer oder astraler Gefahr befinden, sind die „Streiter Gottes". Ihnen wurde feurige göttliche Macht verliehen, um uns gegen die dunklen Kräfte zu verteidigen, insbesondere wenn wir sie um Hilfe anrufen.
Ich vermochte sie bei drohenden Unfällen auf der Auto-

bahn zu beobachten, wie sie sich zwischen den Autos bewegten, um diese durch ihre Willenskraft voneinander entfernt zu halten. Sie sind bei jeder großen Katastrophe anwesend. Sie sind stets gegenwärtig, wenn sich ein Flugzeug in Schwierigkeiten befindet, und unternehmen alles in ihrer Macht Stehende (innerhalb der karmischen Beschränkungen), um ein Unglück abzuwenden.

Eine weitgereiste Schauspielerin begab sich spät in der Nacht vom Bahnhof zum nächstgelegenen Hotel (dies ereignete sich etwa vor dreißig Jahren). Während sie zu Fuß ging und ihr Gepäck trug, fühlte sie sich von einem pfirsichfarbenen Licht umgeben. Auf ihrem Weg wurde sie von einem Bettler angesprochen. Genau in diesem Moment färbte sich der helle Pfirsichton zu einem leuchtenden orangefarbenen, sie umschließenden Schutzring. Plötzlich streckte der schmuddelige Mann seine Hand nach ihrem Koffer aus und sprach: „Meine Dame, ich werde diesen Koffer zu Ihrem Hotel tragen." Nach dieser Begebenheit fürchtete sich meine Freundin des Nachts nie wieder vor fremden und wie ausgestorben wirkenden Städten. Sie hatte einen großen und mächtigen Engel erblickt, der wie Herkules wirkte. Folgende Worte Shakespeares mögen sich auf diese Schutzengel beziehen: „Engel und gnädige Helfer beschützen uns."

Als ich mich während eines Septembers in einer Gegend mit Mammutbäumen aufhielt, bemerkte ich während einer Meditation mit offenen Augen einen großen Baumdeva, der über einer Gruppe von jungen Mammutbäumen erschien. Dieser Engel glich eher denen, die im Dienste Christi stehen. Er war riesengroß, hatte rosaweiße Haut, und sein schwarzes Haar lag in Locken um seinen Kopf. Seine Aura erstreckte sich gewiss dreißig Meter in alle Richtungen und besaß eine funkelnde und helle Strahlung.

Selten habe ich in einem Gesicht so viel Liebe erblickt, so viel Verständnis und Güte. Alle Bäume und Farne sowie alles andere Grün reagierte auf seine Ausstrahlung und nahm sie auf. Dann begab sich die Wesenheit des Waldes plötzlich in eine östliche Richtung, wobei die Entfernung zu mir gleich blieb. Der „Engel der Natur" lächelte und segnete Myriaden von Pflanzen und Bäumen. Ich wartete, bis er aus meiner Sichtweite entschwand. Diese Wesenheit war mehr als ein Königs-Deva. In meinem Herz bleibt sie der Geist der Mammutbäume.

Wie wir bereits wissen, gibt es Engel, die während der Tagesstunden unseres Planeten tätig sind, und solche, die während der Nacht arbeiten. Letztere sind voller Heiterkeit und erinnern, von ihrem Wesen her, leicht an den Menschen. Wenn ich die Hunde am Abend spazieren führe, erblicke ich gelegentlich Engel, die des Nachts ihren Dienst tun.

Es gibt Engel, die über den Wiesen schweben, solche, die sich von Wäldern angezogen fühlen, und andere, die das Leben in den Obstgärten erhalten und stärken.
Die „Engel des Meeres" sind am besten in der Nacht wahrzunehmen. Sie besitzen schimmernde Auren, die an hellblaue und apfelgrüne Gewänder erinnern. Die Engel der Seen sind stets schön, strahlend und voll innerer Ausgeglichenheit.
Die „Engel des Gesanges" hört man häufiger, als man sie sieht. Als ich eines Abends mein Abendgebet sprach, vernahm ich ein sehr liebliches Summen. Zuerst glaubte ich, es handele sich um die Schwingung der elektrischen Drähte.
Um sicher zu gehen, ging ich nach draußen und lauschte. Doch dort vermochte ich die Melodie nicht zu hören, die ich im Bett vernommen hatte. Nachdem ich in mein Zimmer zurückgekehrt war und mein Gebet beendet hatte, erklangen die Töne erneut. Die Tonfolgen wiederholten sich nicht, es erklang eine unbekannte Melodie nach der anderen. Mein Schutzengel belehrte mich, dass man nur in einem hohen Bewusstseinszustand den Gesang der „Engel der Nacht" zu vernehmen vermag.
„Solare Engel" werden von Menschen mit innerer Sicht vor allem am Ostermorgen bei Tagesanbruch wahrgenommen. „Planetarische Engel" findet man am ehesten in bedeutenden Gegenden der Erde. Der Mount Everest

stellt eines der Planetenchakras dar und so mag man dort einige dieser Wesenheiten sehen.
Die „Engel der Einweihung" schaffen ein magnetisches Feld um den einzuweihenden Menschen und um den Ort, an dem die Einweihungserfahrung stattfinden soll. Es handelt sich hierbei um große Engel, deren Gesichter und Hände in einem Wirbel glänzenden Lichtes deutlich erkennbar sind. Während der Mensch seine niedere Natur überwindet und sein Bewusstsein das Verlangen verspürt, leuchtende Höhen der Bewusstheit zu erreichen, umgibt ihn ein Licht, das man sonst nie auf Erden sieht. Meistens sind es zwei bis vier Engel, die für die Mitglieder der Hierarchie die Voraussetzungen schaffen, das Bewusstsein des Kandidaten zu erreichen, um mit ihm in Verbindung zu treten.
Die „Engel der Anbetung", welche man in Kirchen beobachtet, verstrahlen rosa Energiewellen. Sie sind voller Aufmerksamkeit gegenüber den leisesten spirituellen Bedürfnissen der Gemeinde. Sie bewirken erhebende Gedanken bei den Gemeindemitgliedern. Sie läutern und ermutigen jeden Einzelnen, der sich der göttlichen Gegenwart öffnet.

Doch der Engel, dem wir am meisten verdanken, ist unser Schutzengel. Er stellt unsere spirituelle Mutter im höchsten Sinne dar, obwohl er sehr jugendlich und schön aussieht.

Unser Schutzengel ist uns in unserem Leben während des Tages immer sehr nahe. In der Nacht führt er uns zu Personen, deren Begegnung er als wünschenswert für uns erachtet, oder an Orte, wo er unsere Anwesenheit für wichtig hält. Falls ein Lehrer oder enger Freund den Wunsch verspürt, uns in den inneren Welten zu begegnen, während unser Körper ruht, steht unser Schutzengel zu Diensten. Mit Ausnahme unseres Herrn Jesus Christus gibt es niemanden außer ihm, dem wir geistig so viel verdanken.

Unser Schutzengel inspiriert uns zu neuen Schritten in unserer Lebensführung oder zu größerem inneren Wachstum. Er korrigiert uns, und oft glauben wir, dies erfolge aus unserem eigenen Bewusstsein heraus, doch nur unser Schutzengel vermag uns auf falsches Handeln hinzuweisen. Er beschützt uns, indem er in Gefahrenmomenten auf unsere Intuition Einfluss nimmt. Stolpern wir, ohne dabei zu fallen, verdanken wir unser Gleichgewicht unserem Schutzengel. Falls in unserem Leben eine herausfordernde Situation entsteht, in der wir der Unterstützung bedürfen, bittet er einen in der ärztlichen Kunst bewanderten Meister, einen Streiter Christi oder einen Meister der Lehre um zusätzliche Hilfe.

Mein Schutzengel unterwies mich seit früher Kindheit in Höflichkeit und Freundlichkeit, Ehrlichkeit, Mut, Eleganz und Feinheit, Reinheit und Ehrfurcht. Er bat mich, die Sonntagsschule zu besuchen, da dort bald eine

Mädchenpfadfindergruppe gegründet würde und ich Pfadfinderin werden sollte. Ich folgte seinem Rat auf das Wort.
Während meiner Schulzeit gab es keine schulische Verpflegung. Die meisten Kinder gingen deswegen zum Mittagessen nach Hause. Da mein Zuhause zu weit entfernt lag, wurde ich angeleitet, ein gutes Restaurant aufzusuchen, wo ich Selbstvertrauen lernte, um mein Essen selbst auszuwählen, sowie die Fähigkeit entwickelte, mit zehn Jahren bereits selbstständig zu sein.
Was immer ich auch unternahm, während ich sehr jung war – Konzertbesuche mit meiner älteren Schwester, Besuch eines guten Schauspiels, eines Museums oder einer Kunstausstellung –, ich tat es aus Gehorsam gegenüber meinem Schutzengel.

Eines Tages, im September 1924, wandte sich mein Schutzengel an mich und sprach: „Der Meister bittet dich und deine Familie, bis Ende November nach Los Angeles in Kalifornien zu ziehen." Wir folgten seinen Anweisungen, und meine Mutter, meine Schwester und ich befanden uns Ende November in der Stadt der Engel.[2)]
Später bat mich mein wunderbarer Schutzengel, das Reiten zu erlernen. Dann veranlasste er mich, geeigne-

---

[2)] Los Angeles – spanisch: Stadt der Engel.

te junge Leute mit spirituellem Interesse zu treffen, und wir liefen Rollschuh, wanderten oder tanzten. In meiner Jugend, als junge Frau und in späteren Jahren war es stets mein Schutzengel, der mich veranlasste, bestimmte Dinge zu tun, Kontakte herzustellen oder entfernte Städte aufzusuchen – alles im Interesse der Aufgabe, der ich diene. Auch heute noch hält er so viele Vorschläge, Ermahnungen und Ratschläge bereit wie zu jener Zeit, als ich ihn zum ersten Mal wahrnahm. Aufgrund meiner Ausführungen erkennen wir, dass unsere Schutzengel ein großes Interesse an unserer gesunden und weisen Entwicklung haben.

Aus eigener Erfahrung darf ich sagen: „Sucht die Hügel, Berge, Täler, Wüsten, Seen und Ozeane auf, wo ihr die Gegenwart weiser Heiler und Lehrer wahrnehmen werdet."

Mögen die wunderbaren Kräfte der unsterblichen Engel eure Gedanken, Gefühle und Bemühungen erheben und bereichern, bis ihr in den Augen jener Engel, die euch liebevoll unterstützen, die Grundlage für Größe und Göttlichkeit geschaffen habt. Von ihnen lernt ihr, empfangt ihr und erhaltet ihr die Anleitung, als Sohn oder Tochter Gottes in höchstem Maße wahrhaftig und ganz zu werden.

KAPITEL 7

Hans Stolp

Die Geschenke der Engel an uns

Das erste Mal kam ich mit den Engeln in Berührung, als ich als Pfarrer in einer Uni-Klinik arbeitete. Dort erzählten mir kranke und sterbende Kinder von ihrer Begegnung mit einem Engel oder, wie sie auch sagten, mit einem „Mann aus Licht" oder mit Jesus. Wie sie eine derartige Lichtgestalt nannten, hing oft von ihrem religiösen Hintergrund ab beziehungsweise von dessen Fehlen. Von da an fiel mir auf, dass diese Gestalt aus Licht zu allen Kindern kam und dabei offensichtlich nicht danach fragte, ob diese nun einen Glauben besaßen oder nicht.
Die Engel kamen zu den Kindern entweder in einer Phase ihrer Krankheit, in der es ihnen sehr schlecht ging und sie sich ganz allein fühlten, oder während der letzten Tage einer Krankheit. Immer wieder stellte ich fest, was die Ankunft der Engel für die Kinder bedeutete – sie verloren ihre Angst, ihre Verkrampftheit und das Gefühl, im Stich gelassen zu werden. Stattdessen wurden sie wieder entspannter, gewannen innerlich Vertrauen und waren erneut offen für ihre Mitmenschen. Die Engel vermittelten den Kindern dieses Vertrauen, meist ohne ein Wort zu sprechen. Es war so, als ob allein ihre Er-

scheinung in den Kindern dieses neue Vertrauen erweckte. Es war so, als ob etwas von ihrer Ausstrahlung den Kindern so gut tat, dass sie die tiefe Angst, die sie zuvor so in Bann gehalten hatte, gänzlich ablegten.

Engel sind Wesen der Liebe, der bedingungslosen und selbstlosen Liebe. Es war die Kraft dieser Liebe, die den Kindern in jener Klinik so gut tat und es ihnen ermöglichte, ihr Leben hier auf Erden ohne Furcht abzuschließen, in tiefem Vertrauen loszulassen und in die geistige Welt zurückzukehren. Denn für wirklich alle Kinder war deutlich, dass der Tod nicht das Ende darstellte, sondern lediglich den Übergang in ein anderes Leben. Es war, als würde durch den Engel auch ein verborgenes, tiefes Wissen aktiviert und gestärkt.
An anderer Stelle habe ich bereits beschrieben, dass Krankenhäuser oft nicht nur ein Ort der Sorge, der Angst, des Kummers und des Leidens sind, sondern auch ein Ort, wo Menschen den Engeln und Christus selbst intensiver und öfter als sonst begegnen dürfen.
Es ist immer wieder ergreifend festzustellen, dass gerade an den Orten, wo das Leiden am größten ist, Christus und seine Engel so oft den Menschen zum Trost erscheinen. Gerade dort, wo tiefste Finsternis herrscht, begegnet man auch sehr viel Licht. Dies gilt nicht nur für Krankenhäuser, sondern beispielsweise auch für Kriegsschauplätze, Konzentrationslager und andere Or-

Im Kreis der Engel

Sulamith Wülfing

Vom Himmel hoch

Sulamith Wülfing

Im Kreis der Engel

Sulamith Wülfing

Vom Himmel hoch

Sulamith Wülfing

Die Stimme

Sulamith Wülfing

Erlösung

Sulamith Wülfing

Begegnung

Sulamith Wülfing

Regenbogen

Sulamith Wülfing

Metamorphose
Sulamith Wülfing

Die Gabe

Sulamith Wülfing

te und Zeiten tiefsten menschlichen Leidens. Gerade an diesen Orten und zu diesen bestimmten Zeiten enthüllt sich immer wieder dieses himmlische, göttliche Licht. Die Erzählungen über Engelserscheinungen kommen aus allen Teilen der Welt. So wie die Engel allen Kindern erscheinen, die ihrer Hilfe bedürfen, ungeachtet der Tatsache, ob diese Kinder gläubig sind oder nicht, kommen die Engel auch zu allen Erwachsenen, die sie benötigen, gleichgültig welchen Glauben sie haben. So erscheinen sie nicht nur Moslems, Hindus und Christen, sondern auch Menschen, die angeben, keinerlei Glaubensüberzeugung zu haben. Aus Irian Jaja, dem früheren Neu-Guinea, wird uns folgendes Fallbeispiel überliefert:
„In Hollandia Haven wurde eine Kirche gebaut. Einer der Arbeiter aus Papua arbeitete weit oben über dem Erdboden am Turm. Mit einem Mal verlor er das Gleichgewicht und stürzte hinab. Doch im Fallen merkte er plötzlich, dass er von zwei weißen Gestalten hinabgetragen und behutsam unten auf dem Erdboden abgesetzt wurde. Er hatte dann auch nicht einmal einen Kratzer abbekommen! Dieses Ereignis beeindruckte alle Menschen in Papua, die bei diesem Ereignis anwesend waren, tief. Schließlich war es doch unmöglich, dass jemand aus so großer Höhe herunterfallen konnte, ohne schwer verletzt oder gar tot zu sein – und viele von ihnen bekehrten sich zum Christentum."
Gegenwärtig erreichen uns insbesondere aus Amerika

allerhand Berichte über Begegnungen mit Engeln. Namentlich der Bericht über jemanden, der eine lange Autofahrt unternahm und dabei eines Tages einen Anhalter mitnahm, ist weithin bekannt. Der Mann fuhr mit dem Anhalter los und erzählte diesem von seinem Leben. Der Anhalter lauschte andächtig und antwortete dann dem Mann in einer Weise, aus der ersichtlich wurde, dass er alles über den Mann wusste, dass er sogar alles erfasste, was den Mann innerlich bewegte. Doch als dieser später aufschaute und sich dem Anhalter zuwenden wollte, war er mit einem Mal nicht mehr da. Er war plötzlich verschwunden, als ob er sich in Nichts aufgelöst hätte. Doch was er gesagt hatte, vergaß der Mann sein Leben lang nicht!

Nicht nur in Amerika werden viele Geschichten über Begegnungen mit Engeln erzählt, auch in den Niederlanden kommt dies vor. Viele dieser Geschichten werden mir anvertraut, weil die Menschen wissen, dass sie mir diese vertrauensvoll erzählen können und ich diese Art von Berichten ernst nehme. So erzählte mir ein Mann – er war Mitte vierzig – folgende Begebenheit:

„Eines Tages, früh am Morgen, lief ich hastig und in Gedanken durch die Straßen meiner Stadt zur Arbeit. Es war neblig und man konnte seine Hand nicht vor Augen sehen. Ich wollte die Straße überqueren, doch als ich das tat, hielt mich plötzlich eine Hand an meiner Brust zurück. Ich blickte nach links und nach rechts,

doch es war niemand zu sehen. Ich zuckte mit den Schultern und tat erneut einen Schritt nach vorn, um über die Straße zu gehen. Doch wieder war da diese Hand an meiner Brust, die mich zurückhielt. Im selben Moment tauchte plötzlich aus dem Nebel ein Bus auf, der dicht an mir vorbeidonnerte. Wäre die Hand nicht gewesen, dann hätte ich in diesem Moment unter dem Bus gelegen!
Ich hatte nie viel von dem Gerede über einen Himmel oder, wie andere das nennen, eine ‚geistige Welt' gehalten. Engel betrachtete ich als Fantasiegebilde, die etwas für alte Frauen waren, aber nicht für mich. Doch nachdem ich dies erlebt hatte, musste ich anerkennen, dass Engel wirklich existieren. Es war ja kein Mensch in der Nähe gewesen, und doch hatte mich jemand aufgehalten und mich vor einem schlimmen Unglück bewahrt. Durch diese eine Erfahrung veränderte sich mein Leben. Es war gerade so, als hätte sich für mich eine Tür in eine andere, größere Welt aufgetan."

Es gibt viel mehr Geschichten als die beiden oben abgedruckten, die berichten, wie die Engel manchmal sehr tatkräftig eingreifen, um uns vor einem ernsthaften Unglück zu bewahren. So erzählte mir eine Frau, was sie einmal als Kind erlebt hatte:
„Ich ging zum Spielen auf dem Gehweg der Straße, in der meine Eltern damals wohnten. Plötzlich blickte ich

auf und sah auf der anderen Seite der Straße auf dem Bürgersteig meinen Lehrer laufen. Ohne nachzudenken, rannte ich über die Straße auf ihn zu. Doch ich hatte nicht aufgepasst. Es kam ein Auto. Es versuchte zu bremsen, ohne dass dies viel half, denn es war schon zu nahe. Doch plötzlich hob mich eine Hand hoch, unmittelbar vor dem Auto, und setzte mich einige Meter weiter neben dem Lehrer auf der anderen Straßenseite wieder ab. Doch es war, außer dem Lehrer, überhaupt niemand in der Nähe! Es gab auch keinen Menschen, der hätte sehen können, wie ich etliche Meter weiter, gleich direkt neben dem Lehrer, wieder abgesetzt worden war. Ich weiß daher auch mit Gewissheit, dass es ein Engel war, der mich damals als Kind gerettet hatte."

Berichte wie dieser über das dramatische Eingreifen eines Engels lassen sofort einige Fragen in uns aufkommen. Warum wurde der eine gerettet und der andere nicht? Warum retten und helfen die Engel denn nicht allen Menschen, die in Not sind? Das ist für uns alle eine wichtige Frage, weil wir uns entweder selbst schon einmal in Situationen wiederfanden, in welchen wir Hilfe nur allzu gut hätten brauchen können, oder weil wir andere Fälle kennen, in denen die Menschen keine Hilfe bekamen und daher auch nicht gerettet wurden, sondern umkamen.
Aus der spirituellen oder esoterischen Tradition des

Christentums heraus wird uns auf diese Fragestellung sehr wohl eine Antwort gegeben. Doch ich muss hier gleich anmerken, dass damit noch nicht alle Fragen gelöst sind. Vieles bleibt uns auf dieser Seite des Schleiers verborgen. Erst später, nachdem wir die Hülle unseres Körpers verlassen haben und in die Lichtwelt eingetreten sind, werden wir auf alle Fragen eine Antwort erhalten, weil wir dann alles von einem höheren Wissensstand aus betrachten und „von Angesicht zu Angesicht" sehen können.

Die Antwort der esoterischen Überlieferung lautet folgendermaßen: Jeder Mensch stellt selbst, bevor er oder sie auf die Erde kommt, in der Lichtwelt in groben Zügen den Plan für sein bevorstehendes Erdenleben auf. Diesen Plan gestalten wir anhand der Lebenslektionen, die wir auf Erden lernen wollen. Wir sind uns ja, bevor wir unser neues Leben auf Erden beginnen, sehr wohl bewusst, dass unser Erdenleben eine Schule ist und wir gerade dort lernen können, in Liebe, Einsicht, Mitleid und Verständnis zu wachsen. Dieser Plan für das neue Leben, den wir nun selbst aufstellen, enthält daher nicht nur schöne und angenehme Erfahrungen, sondern auch schwierige Lebensstationen. Wir entscheiden uns in der Lichtwelt für die schwierigen Erfahrungen, weil wir wissen, dass wir gerade von den schwierigen Dingen viel lernen können. Wenn wir einmal auf Erden angekommen sind – zuvor durch das Bad der Vergessenheit gegangen sind, wie Platon es nennt –, vergessen wir völlig, was wir selbst beschlossen haben und warum wir auf die Erde gekommen sind. Das Vergessen ist derart vollständig, dass es uns selbst so vorkommt, als seien wir gegenwärtig zum ersten Mal hier auf Erden!

Doch wenn uns nun während des Erdenlebens eine schwere Krankheit, ein Unfall oder der Tod eines geliebten Menschen widerfährt, was aber mit dem einst von uns selbst erstellten Lebensplan in Übereinstimmung ist, dann dürfen und werden die Engel nicht eingreifen. Sie respektieren ja den von uns selbst gewählten Lebensplan. Doch wenn uns etwas droht, das nicht in Übereinstimmung mit dem von uns erstellten Lebensplan ist, dann dürfen und werden die Engel eingreifen! Denn dann werden sie nicht durch ihren Respekt vor unseren eigenen Entscheidungen abgehalten. Dann dürfen sie eingreifen, sodass wir im Stande sind, den einst von uns aufgestellten Lebensplan hier auf Erden auch zu verwirklichen und nicht vorzeitig zu sterben. Daher greifen die Engel also manchmal ein und manchmal nicht, wenn wir in eine lebensbedrohliche Situation geraten.

Es hat nicht mit der Ohnmacht der Engel zu tun, wenn sie nicht tatkräftig eingreifen. Denn wenn sie dies nicht tun dürfen, dann deshalb, weil wir selbst einst diese schwere Situation aus dem Bewusstsein heraus gewählt haben, dass wir dadurch geistig wachsen und mittels

dieser schmerzhaften Erfahrung mehr Liebesfähigkeit und Einsicht gewinnen können. Die Engel wollen nichts anderes, als uns helfen, um mehr Einsicht und tiefere Liebe zu entfalten. Sie helfen uns also, nicht im Grübeln stecken zu bleiben, nicht verbittert zu werden oder zu bleiben, sondern durch alles, was wir erleben, sanfter, milder und liebevoller zu werden und mehr Verständnis für unsere Mitmenschen zu entwickeln. Jeder, der in schwierigen Zeiten die Engel um Hilfe bittet, wird diese Hilfe garantiert auch erhalten. Es bleibt stets ein kleines Wunder, wenn ein Mensch durch die Finsternis des Lebens nicht verhärtet oder verbittert wird, sondern vielmehr milder und liebevoller.
Engel kündigen manchmal auch neue Ereignisse in unserem Leben an. Dann sind sie wirklich die Botschafter, wie es die wörtliche Bedeutung ihres Namens „Angelos" bereits andeutet.

Ich durfte dies selbst einmal erleben, als ich noch als Pfarrer in jener Klinik arbeitete. In dieser Zeit erschien in meinem Zimmer unvermittelt ein freundlicher alter Mann mit grauen Haaren, der ganz menschlich wirkte, außer dass er durchsichtig war und ebenso unerwartet verschwand, wie er aufgetaucht war. Insgesamt erschien er dreimal.
Das erste Mal sagte er: „Du bekommst innerhalb kurzer Zeit eine neue Stelle, doch warte nur ab, du brauchst

dafür nichts zu tun.“ Nun hatte ich überhaupt nicht an eine neue Stelle gedacht, jedenfalls nicht ernsthaft. Folglich verblüffte mich diese Botschaft sehr. Einen Monat später, als der Mann wieder erschien, sagte er: „Hast du gehört, dass Pfarrer Klamer gestorben ist?“ – „Ja“, sagte ich. „Diese Stelle sollst du bekommen“, erwiderte er darauf. Ich war verblüfft. Pfarrer Klamer war Hörfunkpfarrer und eine bekannte Persönlichkeit in den ganzen Niederlanden gewesen. Ich konnte daher auch nicht glauben, dass ich die Stelle bekommen sollte. Es schien mir nicht nur zu hoch gegriffen für mich, es war auch das Letzte, woran ich gedacht hatte. Einen Monat später erschien der alte grauhaarige und durchsichtige Mann erneut, und nun zum letzten Mal: „Du hast viel erlebt in deinem Leben“, sagte er. „Doch es war alles geplant, um dich auf diese neue Stelle vorzubereiten. Sei ganz einfach ruhig und wachsam. Du brauchst nichts zu tun. Es kommt von selbst auf dich zu.“ Und so geschah es auch. Kurz darauf wurde ich zu einem Vorgespräch für diese Stelle gebeten und bekam sie nach einigen Verhandlungen auch angeboten. Ich habe nicht einen Moment gezögert. Es war für mich klar, dass dies der Weg war, der mir gewiesen wurde und den ich zu gehen hatte.

So durfte ich selbst erleben, wie Engel nicht nur als Lichtgestalten erscheinen, sondern manchmal auch in

Gestalt eines normalen Menschen. Ich durfte erfahren, dass „Botschafter" ein treffender Name ist, um diese strahlenden und so liebevollen Wesen zu bezeichnen. Auch auf eine andere Weise durfte ich erfahren, wie Engel manchmal neue Ereignisse in unserem Leben ankündigen können.
Ich saß an einem Sonntagmorgen um acht Uhr im Zug, denn ich musste an diesem Morgen auswärts einen Vortrag halten, bezeichnenderweise über Engel. Es war still im Zug, und es gab keinen Kaffee, obwohl ich ein großes Verlangen danach hatte, weil ich mich schlapp und schläfrig fühlte. Ich blätterte in aller Ruhe nochmals meine Unterlagen durch, wo ich aufgeschrieben hatte, was ich an diesem Morgen über die Engel erzählen wollte. Einmal blickte ich in Gedanken versunken von meinen Papieren auf, als ich blitzartig das Gesicht eines Engels vorbeihuschen sah, das mir fröhlich zulachte und ohne Worte zu mir sagte: „Heute wirst du noch etwas erleben. Du wirst eine ganz besondere Begegnung haben." Verblüfft schaute ich noch einmal genau hin, doch der Engel war wieder verschwunden. Später vergaß ich dieses Erlebnis wieder. Doch als ich gegen Mittag tatsächlich eine ganz besondere Begegnung hatte, musste ich wieder an das zurückdenken, was der Engel bereits am Morgen angekündigt hatte.

Inzwischen sind vielleicht einige Dinge deutlich ge-

worden, die Engel in unserem Leben bewirken. Sie bieten manchmal konkrete Hilfe in gefährlichen Situationen, sie schenken uns Trost und Mut, wenn uns Angst und Kummer zu überwältigen drohen, und sie übermitteln uns ganz gezielte, konkrete Botschaften.
Besonders auf den Trost und Mut, den die Engel uns schenken, will ich noch etwas näher eingehen. So berichtete eine Frau, die schwer krank war, mir einst folgende Geschichte:
„Ich saß zu Hause auf der Bank und dachte über meine Krankheit nach. Es war eine Krankheit, durch die ich von einem Tag auf den anderen langsam gelähmt wurde. Heilung war nicht möglich. Was jedoch eintreten konnte, war, dass auch meine Lunge eines Tages erlahmen und ich daher ersticken würde. Als ich dort auf der Bank saß, tief in Gedanken über mein Leben und meine Krankheit versunken, wurde ich so depressiv, dass ich in Panik geriet. Ich lebte allein und hatte niemanden, der mir helfen konnte. Ich wurde immer hilfsbedürftiger. Würde ich all das, was mir noch bevorstand, verkraften können? Plötzlich fiel mein Auge auf den kleinen runden Tisch neben der Bank, auf dem alle meine Medizindöschen und -fläschchen standen. Da durchzuckte es mich: ‚Wenn ich all diese Pillen, eine nach der anderen, auf einmal hinunterschlucke – dann bin ich weg.‘ Ich wusste ja, dass ich ohnehin sterben musste. Warum sollte ich denn nicht gleich diesen Schritt tun? Je länger ich

darüber nachdachte, desto mehr begann mich diese Idee anzusprechen. Schon streckte ich meine Hand aus, um nach den Pillen zu greifen. Nachdem ich aber diesen Entschluss gefasst hatte, fiel es mir im ersten Moment nicht leicht, ihn in die Tat umzusetzen. In diesem Augenblick sah ich auf einmal, gänzlich unerwartet, eine strahlende Gestalt aus purem Licht neben mir auf der Bank sitzen. Sie blickte mich mit so großer und allumfassender Liebe an, dass es keine Worte dafür gibt. Sie legte ihre Hand auf mein Knie, sagte nichts, sondern schaute mich nur unverwandt an. Noch nie hatte mich jemand mit so viel Liebe angesehen und noch nie fühlte ich mich so verstanden wie in diesem Moment. Ich spürte – dieses Wesen versteht alles, was in mir vorgeht, und verurteilt mich nicht.

Wie lange ich dort gesessen habe, weiß ich nicht mehr. Es können zehn Minuten gewesen sein oder auch eine halbe Stunde. Zeit existierte nicht. Doch als die Gestalt verschwand, war ich ein anderer Mensch. Die Depression und die Panik waren weg. An deren Stelle empfand ich nur noch tiefes Vertrauen. Ich wusste nun, dass ich nicht allein stand, sondern dass mir fortwährend geholfen wurde."

Nicht lange nach diesem Erlebnis verstarb die Frau. Sie war nicht erstickt, sondern in Frieden und mit ungebrochenem Vertrauen eingeschlafen – mit dem Vertrauen, das jene strahlende Gestalt in sie eingepflanzt hatte.

Manchmal hören wir nur die Stimmen der Engel und sehen sie nicht. Manchmal genügt dies ja, um uns zur Einsicht zu bringen.

So erzählte mir eine Frau das folgende Erlebnis:
„Eines Tages kam mein Sohn nach Hause und erzählte, dass er in Kürze heiraten werde. Doch er werde, so fügte er gleich hinzu, nur standesamtlich und nicht kirchlich heiraten. Als er dies sagte, wurde ich entsetzlich traurig. Ich bin reformiert, und so habe ich meine Kinder auch erzogen. Außerdem war ich Kirchenvorstand. Darum schockierte es mich, als mein Sohn mir erzählte, dass er sich nicht in der Kirche trauen lassen würde. Ich hatte das Gefühl, dass ich nicht nur als Mutter versagt hatte, sondern auch als Kirchenvorstand. Von diesem Augenblick an fiel ich in eine Depression. Und je näher die Eheschließung rückte, desto depressiver wurde ich. Ich konnte nur noch an die Fehler denken, die ich wohl gemacht haben musste, weil mein eigener Sohn sich nicht einmal kirchlich trauen lassen wollte.
Kurz vor der Trauung saß ich an einem stillen Sommerabend im Garten. Wieder grübelte ich über mein Versagen nach. Da klang plötzlich unvermittelt eine laute Stimme durch den Garten, die sagte: ‚Nicht mein Wille, sondern unser Wille geschehe.‘ Verblüfft blickte ich um mich. Es war niemand zu sehen. Im selben Augenblick hörte ich erneut die Stimme, die so laut sprach,

dass es im ganzen Garten widerhallte: ‚Nicht mein Wille, sondern unser Wille geschehe.' Da durchfuhr mich plötzlich blitzartig die Erkenntnis, wie egozentrisch ich die ganze Zeit über eigentlich gewesen war. Ich hatte nur an mein eigenes Versagen und ‚Zu-kurz-Kommen' gedacht, jedoch überhaupt nicht an meinen Sohn und die glückliche Zeit, die es für ihn war. Ich spürte, wie sich durch diese plötzliche Einsicht meine Depression unvermittelt auflöste und verschwand, so als hätte sie nie existiert.

Die Stimme war die Stimme eines Engels; es muss die Stimme eines Engels gewesen sein, denn außer mir war wirklich niemand im Garten. Bis heute bin ich der Stimme des Engels für die Einsicht dankbar, die er mir schenkte. Als dann kurz darauf die Trauung meines Sohnes stattfand, konnte ich sie von Herzen mitfeiern und mich mit meinem Sohn und meiner Schwiegertochter freuen. Ich war an jenem Tag nicht ein einziges Mal depressiv – und auch später nicht – und wir haben an jenem Tag auch keine Kirche von innen gesehen."

Hier sehen wir, wie es eine der Aufgaben der Engel ist, zu erscheinen, um uns Einsicht zu schenken. Dabei sind zwei Dinge wichtig:

Die Einsicht, die uns die Engel vermitteln wollen, können wir nicht erzwingen. Sie kommt zu dem Zeitpunkt, den die Engel als geeignet erachten, nicht in einem von uns bestimmten Augenblick. Meist ist es so, dass die Einsicht erst dann kommt, wenn wir selbst versucht haben, eine Lösung für die Fragen und Probleme zu finden, mit welchen wir ringen. Erst dann, nachdem wir unsere ganze Geisteskraft eingesetzt haben, ohne zu einer Lösung gelangt zu sein, kommen die Engel zu uns, um uns die richtige Einsicht zu schenken.

Die Einsicht, die uns die Engel vermitteln wollen, schenken sie uns oft, ohne dass wir sie dabei sehen oder ihre Stimme hören. Beinahe immer lassen sie uns diese Einsicht unbemerkt zuteil werden. Dann sagen wir zu uns selbst: „Jetzt auf einmal sehe ich es. Jetzt auf einmal begreife ich es.“ Es handelt sich dann um einen Moment, in dem man das Gefühl hat, dass alle Mosaiksteinchen zueinander passen. Daraufhin bemerkt man, wie diese neue Einsicht alle früheren Gefühle von Angst, Unsicherheit und Kummer hinwegfegt. Weil nun alles klar ist, weil Einsicht herrscht, wo vorher nur Verwirrung war. Immer, wenn das geschieht – der Durchbruch der Einsicht –, sind die Engel mit uns und an uns am Werk gewesen. Denn sie sind es, die uns im Stillen diese Einsicht geschenkt haben. Wir sagen manchmal: „Da muss ich erst eine Nacht darüber schlafen!“ Wir sagen das, weil wir die Erfahrung haben, dass wir nach einem ungestörten nächtlichen Schlaf zu einer besseren Beurteilung kommen können, weil die Nacht uns manchmal eine unerwartete Einsicht schenkt. Doch wir denken eigentlich niemals darüber nach, wie es denn kommt, dass wir ausgerechnet nachts zur Einsicht kommen. Das geschieht deshalb, weil nachts die Engel auf uns einwirken und uns in der Stille oder im Traum Einsicht schenken. Denn gerade nachts sind wir – mehr als tagsüber – für die Engel erreichbar, weil wir dann nicht fortwährend in Gedanken mit all den Aufgaben, die wir noch erledigen müssen, und mit all unseren Ängsten oder Enttäuschungen beschäftigt sind.

Zusammenfassend können wir sagen, dass die Engel uns folgende Geschenke machen:

Das Geschenk der Einsicht;
das Geschenk des Vertrauens und der Hingabe;
das Geschenk der Rettung aus lebensbedrohlichen Situationen;
das Geschenk der Hinweise, die unserem Leben eine Kehrtwendung geben;
das Geschenk der Inspiration;
das Geschenk der richtigen Worte im richtigen Moment;
das Geschenk der stillen Führung, wodurch wir in unserem Leben beginnen, uns selbst zu finden;
das Geschenk der Kraft, durch die Dunkelheit zu gehen, ohne verhärtet oder verbittert zu werden.

KAPITEL 8

Robert C. Smith

Schutz vor physischer Gefahr

Die fünfundfünfzigjährige Brenda Jennings aus Pennsylvania berichtet, wie sie die rechtzeitige Warnung aus unsichtbarer Quelle vor einem womöglich ernsthaften Unfall bewahrte. Ihre Geschichte gibt ein ausgezeichnetes Bild von der Wirksamkeit himmlischer Wachsamkeit.

„Meine erste Erfahrung mit Engeln, die ich nicht als Zufall abtun konnte, liegt mehr als zehn Jahre zurück", schreibt sie. „Morgens um halb elf fuhr ich über eine Schnellstraße, die zur Autobahn führte. Außer mir war niemand auf der langen Zubringerstrecke. Da hörte ich eine Stimme in meinem Kopf sagen: ‚Sei auf der Hut.' Den Ellbogen im offenen Fenster lehnend, hatte ich entspannt den wunderschönen Tag genossen und war froh, dem Büro entfliehen zu können, um eine Besorgung zu machen.
Die Stimme klang eindringlich und die Wortwahl entsprach nicht der meinen. Ich hätte gesagt: ‚Aufgepasst' oder ‚Gib Acht', aber niemals ‚Sei auf der Hut'. Mit einem Ruck setzte ich mich kerzengerade auf und umklammerte das Lenkrad mit beiden Händen. Ich begann zu schwitzen. Ich befand mich immer noch alleine auf der Fahrbahn.

Dann erreichte ich die Autobahn und reihte mich hinter den beiden einzigen vorüberfahrenden Autos ein. Verwirrt überlegte ich, woher wohl jene Warnung gekommen war. In diesem Augenblick schwenkte der erste Wagen scharf nach links, der zweite ebenfalls. Ohne abzuwarten warum, folgte ich ihrem Beispiel und wäre um ein Haar gegen einen eisernen Dreifuß gerast, der als Unterbau eines breiten Wohnwagens hätte dienen können."

Im Rückspiegel sah Brenda, dass der Fahrer des kleinen Sportwagens hinter ihr Pech hatte. Er scherte zwar aus, doch es reichte nicht mehr. Er streifte den Dreifuß und verlor die Kontrolle. Der Wagen drehte sich um seine eigene Achse. Brenda betete unaufhörlich: „Gib, dass er sich nicht überschlägt!" Dem Fahrer gelang es schließlich, genügend Gewalt über sein Auto zu erlangen. Es überschlug sich nicht, sondern rollte rückwärts von der Autobahn.

Brenda schließt: „Ich weiß, ohne jene Warnung hätte es mich erwischt. Ich weine immer noch, wenn ich daran denke. Ich glaube fest an die Einflussnahme der Engel und bemühe mich, ihnen größere Beachtung zu schenken."

Der unsichtbare Wächter vermochte Brenda vor der Gefahr zu warnen, noch ehe sie sich mit physischen Augen erkennen ließ. Dieses Erlebnis zeigt deutlich, dass die Wahrnehmungsfähigkeit der Engel nicht denselben Begrenzungen unterworfen ist wie die der Menschen. Es ist tröstend zu wissen, dass unser Schutzengel Gefahren bereits im Voraus auf uns zukommen sieht.

Auch Mary Trent aus dem Staate Washington berichtet von einer ähnlichen Situation. In ihrem Fall wurde die Botschaft in recht ungewöhnlicher Weise vermittelt.
Sie schreibt: „Ich arbeite an einer Mini-Mart-Tankstelle. Seit meinem achtzehnten Lebensjahr habe ich diese Art Tätigkeit ab und an ausgeübt. Heute bin ich dreiunddreißig und man hat mich in all den Jahren nie beraubt. Doch das sollte sich ändern.
Anfang Mai 1991 lag ich gemütlich und entspannt in der Badewanne, als ich urplötzlich flüsterte: ‚Man wird mich berauben.' Die ängstigende Erkenntnis dieser Worte erschreckte mich. Kopfschüttelnd schob ich den Gedanken beiseite."
Einige Tage später wiederholte sich die Warnung und Mary unterhielt sich mit ihrem unsichtbaren Beschützer: „Man wird mich berauben", hörte sie sich sagen.
Sie hielt inne und flüsterte: „Ja, so wird es sein. Wirklich?"
Eine Stimme in ihrem Kopf antwortete: „Ja."
„Aber ich habe Angst", warf sie ein.
Die Stimme erwiderte: „Das brauchst du nicht."
„Doch. Wird er ein Gewehr haben?" – Das war eine der größten Befürchtungen.

„Nein, ein Messer."
„Werde ich sterben?"
„Nein. Du wirst nicht verletzt werden", antwortete die Stimme.
„O. k., wenn es sein muss, o. k."
Sie versuchte, tapfer zu sein, doch sie fürchtete sich immer noch.
„Das ist in Ordnung", sprach die Stimme.
Mary wusste instinktiv, dass der Tag nach dem Überfall ein verlängertes Wochenende einleiten würde. Demnach musste sich der Raub logischerweise an einem Donnerstag abspielen. Sie spürte auch, dass ihr Mann, der auf der gegenüberliegenden Straßenseite beschäftigt war, zu diesem Zeitpunkt nicht an seinem Arbeitsplatz sein würde. Nach einigem Überlegen beschloss Mary, niemandem von ihrer Unterhaltung mit sich selbst zu erzählen.
„Etwa zwei Wochen später", fährt sie fort, „betrat an einem Donnerstagabend ein Mann den Laden, zog ein Bowie-Messer hervor und verlangte nach dem Geld. Ich blieb ganz ruhig in meiner ‚einstudierten Rolle' (was nicht besagt, dass ich mich nicht ungemein fürchtete). Der Dieb nahm das Geld und ging. Ich rief die Polizei an und dann am Arbeitsplatz meines Mannes. Ausgerechnet an diesem Abend hatte er draußen beim YMCA zu arbeiten. Es war das erste Mal.
Ich dankte meinem Engel für die Warnung und die

Unterstützung, während des Vorfalls ruhig zu bleiben. Ich hatte daran gedacht, die Fünfdollarnote, die einen lautlosen Alarm auslöst, herauszuziehen, und mir den Dieb genau angeschaut. Aufgrund meiner exakten Beschreibung konnte der Mann zwei Monate später festgenommen und mehrerer bewaffneter Raubüberfälle überführt werden.

Ich liebe es, in der Badewanne zu entspannen und mich, wie ich hoffe, mit meinem Engel auch weiterhin zu unterhalten. Je intensiver ich mich mit dem Cayce-Material beschäftige und lerne, zu meditieren und andere spirituelle Übungen zu praktizieren, desto klarer und häufiger erfolgen diese Gespräche."

Die Warnung des Engels erwies sich als auffallend genau und fehlerfrei. Der Wochentag, an dem der Raubüberfall stattfinden sollte, die Waffe des Diebes und der Ausgang des gesamten Geschehens stimmten exakt mit der Voraussage überein. Mary vermochte aufgrund dieser detaillierten Information, der Situation gefasst gegenüberzutreten und somit Fehler zu vermeiden, die die Gefahr nur noch vergrößert hätten. Es ist tröstend zu wissen, dass unsere Engel in die Zukunft blicken und Gefahren erkennen können.

Eine andere beruhigende Eigenschaft unserer Schutzengel besteht in ihrer Treue. Die achtundvierzigjährige Betty J. Monroe aus Pennsylvania weiß vieles darüber

zu berichten. Unermüdlich bietet ihr Engel ihr eine nie versiegende Quelle des Schutzes.
Ihrem Bericht zufolge erlebte sie diesen zum ersten Mal als Schülerin der achten Klasse. In einer abgelegenen Gegend redete ihr ein mehrere Jahre älterer Junge zu, vom Fahrrad abzusteigen. Er zog sie ins Gebüsch, zerrte ihre Bluse herunter und entblößte sich. Lähmende Angst überfiel Betty bei der Erkenntnis der drohenden Vergewaltigung.
Sie schreibt: „Als der Junge mir die Brille von der Nase riss, überkam mich eine rasende Wut. Doch äußerlich ruhig bleibend, redete ich wie ein Buch und überzeugte ihn, mich gehen zu lassen. Je mehr ich redete, desto ruhiger wurde er. Schließlich führte er mich zu meinem Fahrrad zurück und ließ mich fahren.
Energiegeladen raste ich fast zwei Kilometer die Straße entlang in Sicherheit. Erleichtert dankte ich, dass ich unbeschadet davongekommen war. Ich glaube, das hatte ich dem Beistand und Schutz meines Engels zu verdanken."
Bettys Engel hat sie auch später noch viele Male behütet. Vor nicht allzu langer Zeit wollte sie bei Grün gerade anfahren, als eine innere Stimme sie davon abhielt. Sie blieb stehen, obwohl es keinerlei erkennbaren Grund für ihr gefühlsmäßiges Zögern gab. In diesem Augenblick schoss ein Wagen bei Rot über die Kreuzung. Hätte Betty die Warnung nicht beachtet, wäre das

andere Auto gegen ihre Wagenseite gekracht und hätte wohl einen ernstlichen Unfall verursacht. Wieder dankte sie ihrem Engel für den Schutz.

Wenn Betty sich eventueller Gefahr ausgesetzt fühlt, visualisiert sie weißes Licht, das sie schützend umgibt. Vielleicht liegt hierin eine Erklärung für die vielen Male, bei denen sie während des Autofahrens beschützt wurde. Auf einer ermüdenden Fahrt von Florida nach Pennsylvania spürten sie und ihre Freundin eine Gegenwart im Auto, die ihnen half, wach zu bleiben und ihr Ziel unbeschadet zu erreichen. Zweimal fuhr sie bei strömendem Regen über die Autobahn und fühlte eine beruhigende Gegenwart, die sie sicher führte. Einmal musste sie gezwungenermaßen etwa siebzig Kilometer sozusagen ohne Bremsen fahren. Es passierte ihr nichts. Ein anderes Mal platzte im dichtesten Autobahnverkehr der Vorderreifen eines Autos, in dem sie saß. Der Fahrer des Wagens vermochte aus irgendeinem Grund mühelos die Gewalt über das Fahrzeug zu wahren. Wieder wurde niemand verletzt.

„Im Marinebootlager", erinnert sich Betty, „musste ich während der Ausbildung eine Schwimmprüfung ablegen. Wir sollten eine drei Meter hohe Plattform erklimmen, ins Schwimmbecken springen und dieses irgendwie durchqueren. Ich war wie versteinert. Ich konnte nicht schwimmen, da ich als Kind fast ertrunken wäre. Kurz bevor ich an die Reihe kam, erklärte mir ein Mädchen, das ebenfalls den ‚Waves' angehörte, ich solle beim Auftreffen auf das Wasser mit Armen und Beinen schlagen, um rascher an die Oberfläche zu gelangen. Sie riet mir, mich zu entspannen und auf dem Rücken zu liegen, was einfacher wäre. Bevor ich sprang, sandte ich ein Stoßgebet gen Himmel.

Ich blieb länger als erwartet unter Wasser und begann zu paniken. Als ich glaubte, den Atem nicht mehr länger halten zu können, erfasste mich tiefe Ruhe. Irgendwie gelangte ich an die Oberfläche und durchquerte in einwandfreiem Rhythmus das Schwimmbecken. Ich bestand zwar die Prüfung, wusste jedoch, dass ich es nicht allein geschafft hatte."

Betty durchlebte mehrere medizinische Notfälle. Jedes Mal fühlte sie die beruhigende Anwesenheit ihres Engels. Mindestens zweimal wurden ihr die üblichen Schmerzen, die eine bestimmte Behandlungsweise mit sich bringt, erspart. Einmal traf der Arzt in letzter Minute eine hilfreiche Entscheidung und gab ihr eine Vollnarkose anstelle der lokalen Betäubung. Ein anderes Mal platzte während der Operation eine Zyste und entleerte sich in den Bauchraum. Der Chirurg vermochte den Schaden unverzüglich zu beheben. Später wunderte er sich, warum die Zyste nicht schon vor der Operation aufgebrochen war. Betty schreibt jede einzelne Begebenheit ihrem Engel zu Gute. Er sorgte dafür, dass alles gut verlief und sie sich nicht allein gelassen fühlte.

„Mein Engel hat sich nie gelangweilt", gesteht sie. „Meine Impulsivität und meine Begierde zu lernen, wer ich bin und warum ich hier bin, haben mich so manche Gelegenheit ergreifen lassen, oft ohne zu erkennen, welches große Risiko sie bargen. Ich fuhr mehrmals an der Seite eines betrunkenen Fahrers. Es war beängstigend, doch jedes Mal gelang es uns in letzter Minute, nicht von der Straße geschleudert zu werden.

Und wenn ich trank (ich bin inzwischen trocken), begab ich mich oft in gefährliche Situationen. Viele Male erinnerte ich mich nicht mehr, dass ich den Wagen gesteuert, geschweige denn ihn geparkt hatte. In den frühen Morgenstunden bevölkerten andere Betrunkene und gefährliche Leute die Straße, doch mir passierte nie etwas. Wenn sich mir jemand näherte, umgab ich mich sofort mit weißem Licht. Die andere Person überquerte dann entweder unerwartet die Straße oder ging achtlos an mir vorüber. Ich bin sehr dankbar, dass ich immer, ohne Schaden zu nehmen, davonkam.

Alle diese Erlebnisse und noch viele mehr, haben mir bewiesen, dass mein Engel auf mich Acht gibt."

Bettys Geschichte ist insofern beachtenswert, da der Engel ihr unzählige Male zu Hilfe eilte. Wesentlich ist auch ihre Offenheit für geistigen Beistand und ihr Vertrauen darin. Das zeigt sich in ihren Notgebeten, der Anrufung der göttlichen Liebe und des schützenden, weißen Lichtes. Betty verlässt sich immer auf ihren Engel und erkennt, wenn sie seine Hilfe empfangen hat. Sie äußert oft ihre Dankbarkeit dafür. Könnte es sich lediglich um einen Zufall handeln, dass jemand, der seinem Engel ein solches Vertrauen schenkt, beständig dessen Beistand erfährt?

Auch die vierzigjährige Nicole Stafford aus Nevada ist sich ihres treuen Engels stets bewusst. Hier zeigt sich ebenfalls die enge Verbindung zwischen der Treue des Engels und dem Vertrauen seines Schützlings.
„Vor etwa drei Monaten", schreibt sie, „zog ich aus einer Gegend, in der es keine Kriminalität gab, in die Großstadt. Früher hatte ich nie die Haustür abgeschlossen; ich besaß nicht einmal einen Schlüssel dazu.
Nachdem ich zwei oder drei Wochen in der Stadt lebte, entdeckte ich eines Morgens, dass man in mein Auto eingebrochen hatte und meine Geldbörse sowie etwas Geld aus dem Handschuhfach gestohlen worden war. Nach diesem Vorfall ängstigte ich mich. Ich fühlte mich vergewaltigt und verletzt. Etwa sechs Wochen lang vermochte ich meine Furcht nicht zu kontrollieren und blickte mich ständig um. Dann wachte ich eines Nachts auf und sah eine ‚Wesenheit' – einen Engel – wachend neben meinem Bett sitzen. Ich brauchte mich nicht mehr zu fürchten und mit einem Messer neben meinem Bett zu schlafen, um mich beschützt zu fühlen. Mein Engel kommt jede Nacht, und alles ist gut."

Nicoles Tagebucheintragungen während der Projektwoche zeigen, dass ihr geistiger Hüter immer noch schützend über ihr wachte.
An fünf verschiedenen Tagen sah sie ihren Engel oder spürte seine Energie. Gewöhnlich besuchte er sie des Nachts, zweimal jedoch auch am Tage. Er hielt sich unterschiedlich lange bei ihr auf. Wie wohl sie sich jedes Mal in der schützenden Gegenwart dieses Geistwesens fühlte, kommt in ihren Worten ganz klar zum Ausdruck.
Dieses Bild beständiger Obhut beschreibt deutlich zwei der Vorteile, die der Einfluss von Engeln mit sich bringt. Auf physischer Ebene besteht für Nicole größere Sicherheit. Mental gesehen weiß sie, dass man über sie wacht, und braucht sich daher nicht zu beunruhigen. Ihr Bericht beweist die positiven Auswirkungen, die auf den Glauben an himmlischen Schutz zurückgeführt werden können.

Vertrauen in die schützende Führung eines Engels spielt auch in der folgenden Geschichte, die Patricia Frank aus Pennsylvania einsandte, eine wesentliche Rolle.
„An einem Januarabend um halb sieben“, beginnt sie, „zwei Tage vor dem Einzug in unser neues Haus, stieß ein Reh gegen meine linke Autoseite, als ich auf einer Schnellstraße fuhr. Der Aufprall schleuderte meinen Wagen herum und auf eine Leitplanke zu.

Die Zeit schien sich im Zeitlupentempo zu bewegen. Innerlich sah ich einen gähnenden Abgrund vor mir und ich dachte bei mir: ‚Oh, lieber Gott! Nein! Ich möchte leben; da ist unser neues Haus und die Hochzeit in drei Monaten. Nein, ich will nicht sterben! David braucht mich!'
In diesem Augenblick hörte ich über und rechts neben mir eine Stimme sagen: ‚Drehe das Lenkrad nach rechts!' Ich tat es sofort und der Wagen rollte von der Straße und einen Hügel hinauf."
Patricia verlor das Bewusstsein. Musik ertönte aus dem Radio, als sie, halb über dem Steuer hängend, aufwachte. Außer der Musik hörte sie nur das Vorüberrauschen der Autos. Niemand sah sie. Sie vermochte ihren Wagen den Abhang hinunter und nach Hause zu fahren.
„Am folgenden Tag", berichtet sie weiter, „fuhr ich noch einmal zum Schauplatz des Geschehens. Es hätte nicht viel gefehlt und ich wäre in eine tiefe Schlucht gestürzt. Ich danke Gott und den Engeln für meine Rettung."
Die hier beschriebene Situation erforderte sowohl seitens des Engels als auch von Patricia rasches Handeln, um eine Tragödie zu vermeiden. Wie jeder erfahrene Autofahrer weiß, wäre es widersinnig, das Steuer nach rechts zu reißen, wenn ein plötzlicher Anprall von links das Auto nach rechts auf einen Abgrund zurasen ließ. Patricia aber besaß genügend Vertrauen in ihren un-

sichtbaren Führer, um seinen Anweisungen unverzüglich und ohne sie in Frage zu stellen zu folgen. Ihr Vertrauen rettete ihr wahrscheinlich das Leben.

Die Geschichte des dreiundsiebzigjährigen Joseph L. Williams aus Florida beweist die Fähigkeit des Schutzengels, in jeglicher Situation die erforderliche Hilfe zu gewähren. Es ist durchaus möglich, dass jemand eine vernehmbare Warnung ignoriert. Josephs unsichtbarer Beschützer aber ging sicher, dass sich sein Schützling nicht in Gefahr begab.

Joseph schreibt: „Vor einigen Jahren planten wir eine Autobahnfahrt quer durch die Staaten. Ich hatte erst kürzlich einen verbrauchten Zusatzzylinder für die Unterdruckbremse meines Wagens erneuert. Am Tage vor unserer Abreise besuchte ich kurz meinen Vater. Als ich wieder heimfahren wollte, sprang der Wagen einfach nicht an, obwohl der Starter einwandfrei funktionierte. Doch dieses Auto besitzt eine elektrische Benzinpumpe, die aufwimmert, sobald man den Zündschlüssel herumdreht. Diesmal allerdings war nichts zu hören. Die Pumpe hatte ihren Geist aufgegeben."

Die Werkstatt von Josephs Automechaniker befand sich gut sechs Kilometer entfernt an einer verkehrsreichen Schnellstraße. Auf dem Weg dorthin gab es mehrere Hauptkreuzungen mit Ampeln. Obwohl beide wussten, dass es sich um ein heikles Unternehmen handelte, willigte der Vater ein, Josephs Auto, das dieser mittels sorgfältigen Bremsens unter Kontrolle hielt, mit seinem Wagen abzuschleppen. Sie hatten bereits drei Kreuzungen einwandfrei überquert, als die Ampel der vierten auf Rot umschaltete. Der Vater musste hart bremsen. Joseph schreibt:

„Ich trat mit aller Macht auf meine Bremsen, um einen Aufprall zu vermeiden, doch ich trat durch! Wir stießen mit den Stoßstangen aufeinander. Zum Glück war nicht viel passiert, da wir ja nur langsam fuhren. Auf der Weiterfahrt blieb mir nichts anderes übrig, als die Handbremse zu benutzen."

Der Mechaniker untersuchte die Bremsen und stellte fest, dass der neue Zusatzzylinder versagt hatte, weshalb die hydraulische Bremsfunktion völlig ausgefallen war. Joseph erkannte plötzlich, dass ein Versagen der Bremsen während ihrer Fahrt über die Autobahnen und mit Höchstgeschwindigkeit zu einem ernstlichen Unfall hätte führen können.

„Nachdem der Mechaniker den defekten Bremszusatz ersetzt hatte", fährt Joseph fort, „bat ich ihn, das ursprüngliche Problem mit der Benzinpumpe zu überprüfen. Diese wimmerte nach dem Drehen des Zündschlüssels sofort auf und der Motor startete ganz normal. Diese Pumpe hatte nie zuvor Schwierigkeiten bereitet und funktioniert heute noch vollkommen fehlerlos. Ich dankte meinem Schutzengel, dass er eine womöglich tödlich ausgehende Situation so weise und wirkungsvoll verhindert hatte."

Beim zweiten Teil seines Eingreifens, dem tadellosen Funktionieren der Pumpe nach einmaligem Versagen, handelt es sich wohl um mehr als nur um eine Rücksichtnahme des Engels. Hätte die Pumpe für immer aufgegeben, könnte man die Episode womöglich als glückliches Zusammentreffen abhaken, Pumpe und Bremsen in einem Rutsch kaputt! Die Einmaligkeit ihres Versagens jedoch lässt sich nur schwierig dem Zufall zuschreiben. Josephs Erlebnis scheint die Handschrift eines Schutzengels zu tragen.

Mit unseren letzten Berichten haben wir, wie manche sagen mögen, einen wesentlichen Übergang geschaffen, da das Eingreifen der Engel einen tatsächlichen, physischen Effekt auf materieller Ebene bewirkte. Wenn der Schutzengel jemandem zur Sicherheit eine Warnung ins Ohr flüstert, so mag das noch angehen. Doch daran zu glauben, dass ein Geistwesen eine Benzinpumpe vorübergehend lahmlegt, um ein Unglück zu verhindern, damit haben viele Leute so ihre Schwierigkeiten.

Wir dürfen jedoch nicht die Quelle der Engelkräfte vergessen – Gott. Die physische Welt liegt mit Sicherheit nicht außerhalb der Reichweite ihres Schöpfers. Sollte Er daher Seine Boten nicht mit der Fähigkeit versehen, physische Veränderungen hervorzurufen, wenn Er dadurch seine liebevolle Absicht erfüllen kann?

Die beiden letzten Geschichten dieses Kapitels zeigen deutlich das Vermögen der Engel, physische Kraft anzuwenden. Susan Hill aus Michigan erzählt in ihrem kurzen Bericht von einer dramatischen Rettung, bei der eine unerwartete Kraft genau im richtigen Moment handelte.

Sie schreibt: „Mein Mann erlebte einmal ein eindrucksvolles Beispiel himmlischen Eingreifens. Als wir an einem Septembertag in den Bergen von New Hampshire wanderten, stürzte er in einen riesigen, steilen Wasserfall. Zunächst glaubte er, es sei vorbei mit ihm. Doch dann spürte er plötzlich, wie ihn eine Hand hinaufschob, sodass er auf einem Felsvorsprung Fuß fassen konnte. Er vermochte sich trotz des über ihn herniederrauschenden Wassers selbst herauszuziehen.

Wir waren verblüfft und dankten den geistigen Helfern für seine Rettung!“

Der fünfzigjährige Ben Bracken aus Washington beschreibt einen ähnlichen Beweis himmlischer Schutzmacht. Die physische Kraft seines Schutzengels überraschte ihn aus heiterem Himmel.

Bens aufregendes Erlebnis ereignete sich in einem Spätsommer in der Nähe von Roswell, New Mexico. Damals war er einundzwanzig Jahre alt und als Angehöriger der U.S.-Luftwaffe auf dem Stützpunkt Walker in Roswell stationiert. Eines Abends fuhr er alleine zu einer unmittelbar außerhalb der Stadtgrenze gelegenen Bar. Sie befand sich knapp fünfhundert Meter hinter einem LKW-Rastplatz auf der rechten Seite einer vierspurigen Autobahn. Mit einer Geschwindigkeit von hundert Stundenkilometern näherte sich Ben auf der äußeren rechten Fahrbahn dem Halteplatz.

„Beim Näherkommen", berichtet er, „sah ich den Traktor und den Wohnwagen, die, etwa fünfhundert Meter von der Autobahn entfernt, parallel parkten. Gut einen Kilometer bevor ich den LKW passiert hätte, begann ich mich mit einem Male in Richtung Mittelspur zu bewegen. Ich hörte mich sagen: ‚Was zum Teufel ist denn los?' Ich wollte doch in wenigen Sekunden rechts abbiegen.

Ich bemühte mich, den Wagen in der rechten Fahrspur zu halten, schaffte es aber nicht. Eine Kraft, weitaus stärker als ich, steuerte nun das Auto. Inzwischen befand ich mich auf der Mittelspur und war an dem LKW fast vorbeigefahren.

In diesem Moment schoss ein Auto hinter dem Lastwagen hervor auf die rechte Fahrbahn, ein Auto, das ich beim Heranfahren nicht hatte sehen können. Wäre ich nicht gezwungenermaßen in die mittlere Fahrspur übergewechselt, hätte es bei meiner Fahrgeschwindigkeit zu einem ernsthaften Unfall kommen können. Nach überstandener Gefahr bedurfte es keiner Mühe, auf die rechte Spur zurückzufahren, um in den Parkplatz der Bar einzubiegen."

Ben vergaß den Zwischenfall sofort. In seinen Zwanzigern kümmerte er sich nicht sonderlich um die spirituelle Seite seines Lebens, wie er sagt. Doch seit kurzem, zwanzig Jahre später, taucht die Erinnerung an jenes Erlebnis auf, wenn er an Schutzengel oder geistige Führer denkt. Obwohl er als junger Mann die geistige Führung nicht erkannte, so glaubt er heute daran, dass diese stets vorhanden ist, ob man sie bemerkt oder nicht.

Ein sanfter Stups, ein leichter Schulterdruck, diese Dinge mögen sich einleuchtend erklären lassen. Man könnte sie auf eine unerwartete Luftbewegung oder irgendeine ungewöhnliche Aktivierung des Nervensystems zurückführen. Vielleicht handelt es sich auch nur um Einbildung. Aber eine Kraft, die im Stande ist, sich über die Anstrengungen eines Mannes, sein Auto selbst zu steuern, hinwegzusetzen? Irgendetwas muss mit Ben in jenem Fahrzeug gewesen sein.

Eines fällt bei den Berichten dieses Kapitels auf, und zwar, dass sich zahlreiche Vorfälle im Auto abspielen. Das überrascht eigentlich nicht, da in der heutigen Zeit viele der lebensbedrohlichen Situationen im Zu-

sammenhang mit Verkehrsunfällen stehen. Gerade auf unseren Autobahnen brauchen wir den Schutz der Engel. Daher erhalten wir ihn meistens dort.
Daraus ergibt sich ein zweites Hauptthema dieses Kapitels – die Unverzüglichkeit, mit der uns die Engel ihre Hilfe zukommen lassen. Viele der Berichte zeigen deutlich, dass es ohne ihr rasches Eingreifen oft zu spät gewesen wäre. Der Schutzgeist musste der Person sozusagen auf der Schulter sitzen, bereit, im Augenblick der Not helfend einzuspringen. Gemäß jener Geschichten besitzen Engel tatsächlich die Fähigkeit dazu. Unsere geistigen Wächter sind immer und überall bei uns, bereit, uns den notwendigen Schutz zu gewähren, wann und wo immer wir seiner bedürfen.

KAPITEL 9

Robert C. Smith

Hüter unseres materiellen Wohlergehens

Helen M. Dixon aus Kalifornien ist sich fast ein Leben lang geistiger Führung bewusst gewesen, obgleich sie sie nicht immer als solche erkannt hat. Ihr Zuhause und ihr Eigentum wurden oft auf diese Weise beschützt.

Sie schreibt: „Als ich eines Tagen heimfuhr, hörte ich innerlich eine Stimme sagen: ‚Parke vor der Haustür.' Dieser Hinweis überraschte mich, da ich meinen Wagen gewöhnlich in der Garage abstelle. Weil ich derartig gegebene Anweisungen jedoch selten ignoriere, parkte ich also draußen.

Etwa zwei Stunden später hörte ich immer stärker werdenden Regen niederprasseln. Als es nach einer Stunde aufhörte zu regnen, ging ich hinaus und sah, dass der gesamte hintere Teil des Grundstücks unter Wasser stand. Es reichte den Männern, die gerade dabei waren, ein Loch in die Mauer zu schlagen, damit es abfließen konnte, bis zu den Knien. Mein Auto stand bis zum Fahrgestell im Wasser."

Das Wasser war wie ein Fluss durch die Garage geströmt und hatte die an den Wänden gelagerten Kisten und schweren Flaschen in die Mitte gespült. Hätte Helen ihr Auto wie gewöhnlich in der Garage geparkt, wäre ihr nichts anderes übrig geblieben, als die Trümmer bäuchlings zusammenzufegen. Sie erinnert sich gerne an dieses Erlebnis, da man sie vor etwas gewarnt hatte, was niemand vorauszusehen vermochte.

„Ein anderer Vorfall", fährt sie fort, „ereignete sich während meiner Amtsperiode als Präsidentin einer neu gegründeten Gesellschaft für Parapsychologie. Bei unserer ersten Zusammenkunft im Vortragssaal einer Schule sollte ein bekannter Redner sprechen.

Ich bereitete gerade ein frühes Abendbrot vor, als ich die innere Botschaft erhielt: ‚Überprüfe den Rednersaal.' Ich schob sie beiseite, da ich um die Bedeutung dieses Ereignisses wusste und alles sorgfältig in die Wege geleitet hatte. Einige Minuten später kam der Hinweis erneut, dieses Mal ein wenig eindringlicher. Doch ich beruhigte mich wieder mit der Zusicherung, alle nötigen Schritte unternommen zu haben. Die Aufforderung wurde ein drittes Mal wiederholt. Die Stimme in meinem Kopf klang zwingend und ein wenig ärgerlich: ‚Überprüfe den Rednersaal.'

Obwohl ich mir albern vorkam, rief ich in der Schule an und fragte die Sekretärin, ob man über die Anordnung der Tische und Stühle für das Treffen im Bilde sei. Etwas verwirrt fragte diese: ‚Welches Treffen?' Ich erklärte es ihr, doch sie versicherte mir, dass für diesen Abend im Terminkalender nichts eingetragen worden sei."

Die Sekretärin riet Helen, im Verwaltungsbüro anzurufen. Dort bestätigte man ihr, dass kein Antrag für die Benutzung des Vortragssaales vorlag, sie aber einen neuen ausfüllen könnte.
Die Zeit drängte. Helen fuhr eilig ins Büro. Sie füllte gerade das nötige Formular aus, als ein Angestellter den alten Antrag mit der Entschuldigung brachte, dieser sei falsch abgeheftet worden. Die Zeit reichte gerade noch, um den Saal vorbereiten zu lassen.
„Wären 250 Leute und der Redner angekommen, so hätte niemand gewusst, wohin mit ihnen", schließt Helen. „Ich habe oft an diesen Vorfall gedacht, denn die mentale Botschaft, die ich erhielt, ersparte uns ein beachtliches Maß an Verlegenheit, Unbequemlichkeit und rettete unser Ansehen."
Auch während der Woche des A.R.E.-Forschungsprojektes wurde Helen geführt. Zweimal erinnerte sie eine klare, laute Stimme daran, dass sie vergessen hatte, das Wasser im Hof abzustellen. Eines Abends, kurz vor dem Einschlafen, machte ihre Stimme sie darauf aufmerksam, dass die Garage noch offen stand. Sie schaute nach und stellte fest, dass es stimmte.
Diese Erfahrungen geben ein Bild von der fast lebenslangen, gleich bleibend vertrauten Kameradschaft Helens mit ihrem Engel. Vielleicht besteht zwischen der Standhaftigkeit dieser Beziehung und der damit einhergehenden täglichen Unterweisung eine Verbindung. Es

bedarf schon einer gewissen Festlegung, um sich auf die Dauer für die Führung der Engel zu öffnen. Helen wagte es. Heute genießt sie die Vorteile, zu denen auch der Schutz ihres Eigentums gehört.

Die sechsundsechzigjährige Margaret Harmon aus Texas sandte uns die nächste Geschichte. Wie Helen, so stellte auch Margaret die Eingebung ihres Engels anfangs in Frage. Schließlich überwand sie ihre Zweifel und der erhaltene Rat kam ihr zu Gute.

Margaret bringt mehrere Begebenheiten mit Engeln in Verbindung. Das erste Mal forderte sie eine entschiedene Stimme auf, ihrem Hund Wasser zu bringen. Sie wusste, dass sie seine Wasserschüssel im Hof füllen musste. Doch da sie in Eile war, wollte sie warten, bis sie von ihrer Verabredung zurückkam. Sie hatte bereits die Haustür abgeschlossen, als die zwingende Stimme sie förmlich anschrie, das Wasser sofort nachzufüllen.

Sie schreibt: „Ich gab auf, legte meine Schlüssel auf die Kühlerhaube meines Wagens und ging in den Hof. Den Schlauch in der Hand, eilte ich zum Hundehaus, doch die Wasserschüssel stand nicht an ihrem gewohnten Platz. Nach kurzem Suchen fand ich sie unter dem Küchenfenster. Als ich mich vorbeugte, um sie aufzuheben, stieg mir ein scharfer Gasgeruch in die Nase. Ich stellte die Schüssel an ihren üblichen Platz, füllte sie mit Wasser und ging ins Haus, um das Gaswerk anzurufen. Innerhalb weniger Minuten kam einer ihrer Männer und drehte sofort den Hauptgashahn zu. Er sagte wörtlich: ‚So explodieren Häuser. Sie haben irgendwo unter dem Haus ein böses Leck.' Er riet mir, nicht wieder ins Haus zurückzugehen, sondern vom Nachbarn aus den Installateur anzurufen, was ich auch tat."

Während Margaret auf den Handwerker wartete, kam ihr die ungeheure Gefahr zum Bewusstsein. Zuerst schrieb sie die Warnung dem Hl. Geist oder Gott zu. Doch mit der Zeit überzeugten sie andere Erfahrungen, dass es sich um die Hilfe von Engeln gehandelt hatte.

Margaret schließt ihren Bericht mit Worten tiefer Dankbarkeit, des Vertrauens und der Liebe: „Derartigen Erlebnissen stehe ich demütig und dankbar gegenüber; sie haben mein Leben bereichert. Ich fühle mich nicht mehr alleine, denn ich weiß, ich bin es nicht. Wer immer mein Engel sein mag, ich liebe dieses Wesen und danke ihm, was ich auch zum Ausdruck bringe. Diese Erlebnisse besitzen großen persönlichen Wert für mich und stellen einen ganz besonderen Teil meines Lebens dar."

Zwei verschiedene Umstände machten Margaret auf das gefährliche Leck in der Gasleitung aufmerksam. Ohne die zwingende Stimme hätte sie sich erst gar nicht veranlasst gefühlt, in den Hof zu gehen. Wahrscheinlich hätte sie auch nicht den Gasgeruch wahrgenommen, wäre die Wasserschüssel nicht an einen anderen Platz, vielleicht von einem Engel, gebracht worden. Margarets

Schutzgeist zeigte sich sehr erfinderisch, um sicher zu gehen, dass seine Botschaft sie erreichte. Sein hartnäckiges Drängen, die Wasserschüssel sofort zu füllen, ließ sie die Gefahr frühzeitig genug entdecken. Es ist durchaus möglich, dass sie bei ihrer Rückkehr kein Haus mehr vorgefunden hätte, wäre sie der inneren Stimme nicht gefolgt.

„Ich ‚weiß', dass Engel mich begleiten", schreibt die sechsundfünfzigjährige Hazel Carson aus New York. „Während der letzten vier, fünf Jahre habe ich mit Engeln oder ‚Devas' in meinem Garten zusammengearbeitet.

Vor zwei Jahren schlug der Blitz in eine dreißig Meter hohe Föhre neben unserem Haus ein und zersplitterte die obere Hälfte. Seine natürliche Neigung ließ den Baum gegen das Nachbarhaus lehnen, und ich befürchtete, er könne darauf fallen.

Zehn Tage nach dem ersten Sturm schlug der Blitz in denselben Baum ein. Ich bat die Engel des Windes und den Baumgeist sowie andere unsichtbare Helfer, den Baum an der ungefährlichsten Stelle niederstürzen zu lassen. Der Baum landete direkt neben unserer alten Garage, dort, wo er den geringsten Schaden im Garten anrichten konnte. Ich bin mir des Eingreifens der Engel ganz sicher."

Hazels Sorge um das Nachbarhaus veranlasste sie, die Engel anzurufen. Ein Skeptiker mag einwerfen, dass der

Baum ohnehin gefahrlos abgestürzt wäre. Doch eine beträchtliche Anzahl der Teilnehmer hat die Engel um Hilfe gebeten und diese auch erhalten. Hazels Erlebnis ist nur eines unter vielen, die zeigen, dass es tatsächlich funktioniert, wenn man die Engel im Gebet um etwas bittet.

In unseren bisherigen Berichten zeigten sich die Engel in gewissem Sinne defensiv, indem sie materiellen Besitz vor Verlust oder Zerstörung bewahrten. Doch im Weiteren werden wir sehen, dass ihre Sorge um unser materielles Wohl sich darüber hinaus erstreckt. Unsere geistigen Führer vermögen aktiv zu werden, wenn es darum geht, uns mit den nötigen irdischen Gütern zu versorgen.

Die zweiundvierzigjährige Sheila T. Clay aus North Carolina erzählt uns eine spannende Geschichte, in der ihre materiellen Bedürfnisse sozusagen aus dem Nichts befriedigt wurden. Sheila pflegte früher zu sagen, sie habe einen Engel auf der rechten Schulter. Damit wollte sie zum Ausdruck bringen, dass sich nach einer unruhigen, verwirrenden und frustrierenden Zeitperiode stets alles zum Besten wendete.

Das Jahr 1983 haftet ihr ganz besonders im Gedächtnis, da sie damals den Einfluss von Engeln am stärksten spürte. In jenem Sommer, einer Zeit starker finanzieller Belastung, bemerkte sie, dass die Frau, in deren Haus sie wohnte, trank. Sie brauchte dringend eine eigene Bleibe.

Sie schreibt: „Die Dinge spitzten sich zu und ich studierte die Anzeigen in der Zeitung. Am dritten Tag entdeckte ich das Angebot eines kleinen Appartements über einer Garage. Da kein Preis angegeben war, rief ich an und fragte, ob ich vorbeischauen könnte. Ich war übrigens die Erste, die auf die Anzeige hin antwortete.

Es gab zwar keine Geräte in der Wohnung, aber der Platz reichte. Ich verdiente damals nicht viel Geld, doch den monatlichen Mietpreis in Höhe von 85 Dollar plus die 70 Dollar für Heizöl konnte ich gerade erbringen. Ich mietete das Appartement.

Zum Zeitpunkt meines Einzugs arbeitete ich als Pflegerin eines älteren Mannes. Seine Tochter besaß einen zusätzlichen Ofen, den sie mir gerne überließ. Eine Angestellte des Selbstbedienungsrestaurants der Schule gab mir ihren alten Kühlschrank, da sie sich gerade einen neuen gekauft hatte. Meine Vermieterin versorgte mich regelmäßig mit Gemüse aus ihrem riesigen Garten."

Zwei Wochen nach Sheilas Umzug löste sich der Führersitz ihres Lieferwagens. Sie verhandelte mit dem Mechaniker, von dem sie ihn gekauft hatte, und erstand unter Aufzahlung von 600 Dollar einen Gebrauchtwagen. Ihr Patient lieh ihr die Summe zu ganz geringem Zinssatz. Als sie die Anleihe zur Hälfte abbezahlt hatte,

überreichte er ihr den Vertrag, auf dem mit großen roten Buchstaben geschrieben stand: Bezahlt.
„Einige Monate später", fährt Sheila fort, „hörte ich während der langen Fahrt in meinem ‚neuen' Auto ein Geräusch unter der Motorhaube und das Warnlicht der Wechselstrommaschine leuchtete auf. Ich befand mich gerade an einer Autobahnausfahrt. Es gab nur ein Restaurant in der Nähe. Ich fragte die Serviererin nach einer Autowerkstatt. Sie konnte mir keine Auskunft geben, verwies mich jedoch an einen Mann, der im hinteren Teil des Restaurants wohnte und Rasenmäher zu reparieren pflegte.
Als ich ihm erzählte, was geschehen war, rief er aus: ‚Das ist sicher nur ein kaputter Gebläsetreibriemen. Ich habe gerade einen in der richtigen Größe hier.' Für sieben Dollar befand ich mich bald wieder auf der Straße! Ich denke, Sie müssen mir zustimmen, dass mein Engel sehr, sehr gut zu mir ist und ich gesegnet bin."
Diese Geschichte weist ein Phänomen auf, das C. G. Jung als Synchronizität bezeichnet, worunter er das zeitliche Zusammentreffen von zwei oder mehreren Ereignissen versteht, was jedoch nicht unter das Ursache-Wirkung-Prinzip fällt. Synchronizität kann man in mehreren unserer Berichte erkennen, doch nicht so eindeutig wie hier. Eine ganze Reihe von Ereignissen, die alle dazu beitragen, Sheilas finanziell angespannte Lage zu erleichtern, „scheinen einfach zu geschehen". Ein Zu-

hause, Wirtschaftsgeräte, Nahrung, Transportmittel, Geld; im Augenblick, da sie diese Dinge brauchte, wurden sie ihr gegeben. Alles hätte rein zufällig eintreten können; doch auch in so unerwarteter Weise und aus vielen unterschiedlichen Quellen? Die Ergebnisse der Projektwoche zeigten zwar, dass es sich bei der Synchronizität um keine ungewöhnliche Erscheinung handelt; dennoch könnte hier der Einfluss von Engeln vorliegen.

Auch bei den Erfahrungen von Kelly Emerson aus Kalifornien spielt Synchronizität eine zentrale Rolle. Sie berichtet über die lange Reihe von Ereignissen, die schließlich zu ihrem richtigen Heim, einer Berghütte, führten. Kelly glaubt, dass Engelkräfte sie dorthin leiteten.

Es war im Jahre 1987. Ihr Lebensgefährte, mit dem sie seit zehn Jahren zusammenlebte, litt an Krebs. Als sie seinen nahen Tod erkannte, begann sie, sich nach einem eigenen Heim umzusehen.

Sie schreibt: „Viele Jahre lang verbrachten wir unsere Ferien in der nahe einem Gebirgssee gelegenen Hütte von Freunden. Einmal, Eddie konnte mich wegen der Höhe nicht mehr begleiten, meditierte ich alleine dort oben. Ich betrachtete die im Sonnenlicht schimmernden Tannennadeln und wusste in diesem Moment, dass ich in den Bergen leben musste. Ich begann, mich nach einem mir erschwinglichen Haus umzusehen."

Einige Monate zuvor hatte Kelly ein Bild ihrer Hütte gesehen. Sie fragte unter anderem ihre Maklerin nach diesem kleinen Haus auf der Doppelparzelle. „Ja, Sie meinen wohl dieses hier", entgegnete sie und deutete auf das vor ihr liegende Foto. Diese Hütte war kürzlich verkauft worden und daher nicht mehr gelistet, der Handel jedoch ins Wasser gefallen.

„Ich schaute mir verschiedene andere Plätze an", schreibt Kelly, „doch dann sah ich ‚mein' Haus. Ein Gefühl des Friedens überkam mich und hüllte meinen Kopf und besonders meine Schultern ein, als ich neben dem großen Eichenbaum stand. Ich wusste, das würde mein Haus sein."

Kelly empfand den Kaufprozess, den sie zum ersten Mal erlebte, als äußerst anstrengend. Zweimal kam ein Mann über hundert Kilometer von außerhalb angereist, damit sie die Darlehenspapiere rechtzeitig unterschreiben konnte. Seine zusätzliche Mühe ermöglichte es ihm, die Papiere an einem Freitag bei der Firma vorzulegen. Am Samstag änderte diese ihre Statuten. Wäre der Antrag später eingegangen, hätte Kelly das Darlehen nicht bewilligt bekommen.

„Die Parzellen sind dort, wo ich wohne, recht schmal", fährt sie fort. „Viele betragen nur knapp acht Meter in der Breite. Ich kaufte mein Haus mit einer zusätzlichen, an der Westfront gelegenen Parzelle und hätte diese gerne erweitert, doch der Kaufpreis überstieg meine finanziellen Möglichkeiten.

Zu jener Zeit arbeitete einer meiner Nachbarn als Grundstücksmakler. Als er mir versicherte, dass der Eigentümer auf dem Preis beharrte, hörte ich eine Stimme sagen: ‚Versuche, die Parzelle auf der anderen Hausseite zu kaufen.' Ich bat also meinen Nachbarn, diesen Kauf für mich zu tätigen. Er stellte fest, dass das Grundstück seit über einem Jahr zum Verkauf stand, obwohl kein Schild darauf hinwies. Ich kaufte es und habe nun eine schmale ‚Pufferzone' auf beiden Seiten meines Hauses."

Drei Monate nach dem Tode ihres Lebensgefährten zog Kelly in ihre Hütte. Ihre Berufsjahre und ihre Altersversorgung konnten in einem nahe gelegenen Krankenhaus, das mit jenem, in dem sie gearbeitet hatte, verbunden war, angerechnet werden. Ihrer Aussage nach hat sie den Umzug niemals bereut. Ihre Zufriedenheit bringt die Beschreibung ihres Lebens im Gebirge deutlich zum Ausdruck. „In diesem Leben habe ich am Meer gewohnt, dessen Klang des Nachts ins Schlafzimmer drang. Ich habe in der Wüste mit ihren kleinen zarten Wildblumen gelebt. Doch nichts geht über die Berge! Die wunderbarste Melodie dieser Welt ist für mich, wenn der Wind durch die Tannenwipfel streicht; und nun kann ich sie jeden Tag hören. Hier habe ich einen kleinen Garten angelegt, hänge meine Wäsche in der Sonne zum Trocknen auf und pflanze Bäume, die ich rund ums Jahr wachsen sehen kann. An diesem Ort ha-

be ich Frieden gefunden; und obwohl ich nicht immer meinen Zweck hier erkenne, so weiß ich doch, dass ich meinen richtigen Platz gefunden habe.
Ich genieße mein Leben und weiß, dass mich Kräfte, stärker als die meinen, hierher geführt haben."
Kellys Geschichte vermittelt uns einen starken Eindruck von ihrer Heiterkeit, ihrer Sensitivität für die Energien der Natur und ihre geistige Einstimmung. Diese Eigenschaften ließen sie ein feines Empfinden für den Einfluss von Engeln entwickeln. Als unerfahrene Hauskäuferin verband sie diese Aufnahmebereitschaft mit Mut, was zu erstaunlichen Ergebnissen führte.
Mut, der geistigen Unterweisung Folge zu leisten, spielt auch in der Geschichte der fünfundvierzigjährigen Julie Davidson aus Delaware eine wesentliche Rolle. Wenn man die von ihr beschriebene Situation nicht selber erlebt hat, so kann man das Vertrauen und die Entschlusskraft, sich auf eigene Füße zu stellen, nur erahnen.
Sie schreibt: „Vor fünf Jahren lebte ich mit meinem Mann in Europa. Unsere Ehe war unerträglich geworden. Ich versuchte die Beziehung zu retten, jedoch ohne Erfolg."
Eines Abends saß Julie alleine im dämmrigen Raum und überlegte, ob sie nach Amerika zurückkehren sollte. Die Vorstellung erschreckte sie, da sie seit einigen Jahren nicht mehr im Arbeitsprozess stand und kaum wuss-

te, wie sie ihren Lebensunterhalt verdienen sollte. Ihren Mann zu verlassen, bedeutete ein Flugticket nach Amerika, sonst nichts.

„Als ich dieses Gefühl der Furcht durchlebte", erinnert sie sich, „entspannte sich mein Körper plötzlich, so als ob ihn sanfte Wellen langsam durchfluteten. Mein Geist glitt in eine andere Ebene, und in meinem linken Ohr vernahm ich die klaren, eindeutigen Worte: ‚Beunruhige dich nicht, es wird alles in Ordnung gehen.' Da wusste ich, dass ich Trost aus einer anderen Welt erhielt. Ich ging tatsächlich nach Amerika zurück und fand innerhalb einer Woche einen guten Arbeitsplatz."

Erst vor Kurzem dachte Julie beim Putzen ihrer Wohnung darüber nach, wie sie wohl zu einem bitter nötigen zusätzlichen Verdienst gelangen könnte. In diesem Moment bemerkte sie einen wunderbaren Duft, der das Wohnzimmer erfüllte, obwohl es dort keine Blumen gab. Dann erhielt sie den Hinweis, in ein gewisses Casino zu gehen, das sie gelegentlich mit Freunden aufgesucht hatte. Sie würde gewinnen.

Julie fährt in ihrer Geschichte fort: „Ich befolgte den Rat und steuerte gleich auf einen bestimmten, verfügbaren Spielautomaten zu. Heute bin ich davon überzeugt, dass man mich zu diesem Automaten hinführte. Nach fünf Minuten belief sich mein Gewinn auf über zweitausend Dollar. Ich wollte aufhören, fühlte mich jedoch innerlich dazu gezwungen, noch einige Minuten weiterzuspielen. Dann geschah es – Haupttreffer! Ich gewann fünfundzwanzigtausend Dollar! Sie können sich nicht vorstellen, wie ich mich fühlte. Sofort dankte ich Gott und meinen ‚Engeln'."

Julies Erlebnis demonstriert in geradezu dramatischer Weise das Vermögen der Engel, für unser materielles Wohl zu sorgen. Ihre Geschichte beweist, dass es verfügbare finanzielle Quellen gibt, die jenseits unseres begrenzten Bewusstseins liegen. Diese Botschaft mag jeden trösten, der sich um unsere Wirtschaftslage sorgt.

Bevor Julie Europa verließ, konnte sie keinesfalls von der ertragreichen Anstellung wissen, die sie nach ihrer Ankunft in Amerika finden würde. Das Gleiche gilt für ihren Gewinn im Casino. Sie konnte ihn unmöglich vorausahnen. Dennoch, beide Einkunftsquellen standen ihr dann, als sie ihrer bedurfte, offen. Julie besaß keine Kenntnis von dieser Fülle, wohl aber ihre unsichtbaren Helfer. Als sie der geistigen Führung folgte, stellte sie fest, dass diese sie zu Reichtum führte.

Joy Dodd aus Pennsylvania berichtet von einem ähnlichen Erlebnis. Auch sie wurde aus geistiger Ebene ermutigt, die erforderlichen Schritte zu unternehmen, die ihr das nötige Geld einbrachten.

Joy gesteht ihren einstigen Unmut darüber, dass sie es sich finanziell nicht leisten konnte, Dinge zu kaufen, die sie sich wünschte. In jener Nacht träumte sie, dass man sie ernsthaft ausschalt: „Du bist nicht auf diese Erde gekommen, um dir selbst zu dienen, sondern der Menschheit."

„Schweißgebadet wachte ich auf", erzählt sie. „Der Traum schien so wirklich zu sein. Ich begann, mich weniger auf mich selbst zu konzentrieren, sondern anderen Menschen zu helfen. Von diesem Zeitpunkt an fühlte ich mich weitaus besser."

Als Frau eines Soldaten musste Joy alle zwei Jahre umziehen. Mit der Zeit sehnte sie sich nach einem eigenen Haus. Sie wusste, dass sie sich diesen Traum vom Gehalt ihres Mannes alleine nicht erfüllen könne. Daher begann sie, tagsüber als Babysitter Geld zu verdienen; nachts putzte sie in der Kaserne. Jeden Monat legte sie eine bestimmte Geldsumme für ihr Haus auf die Seite.

„Eines Monats", schreibt sie, „beschloss eine der Frauen, dass sie keinen Babysitter mehr brauchte. Das bedeutete zwei Kinder weniger und einen gewaltigen Abstrich meines Verdienstes. Ich reagierte sehr aufgeregt und deprimiert auf ihre Eröffnung und weinte stundenlang. Meine gesamte Mühe schien umsonst gewesen zu sein.

Plötzlich fühlte ich eine tröstende Gegenwart auf geistiger Ebene zu mir sprechen: ‚Gib nicht auf. Du wirst dein Haus bekommen.' Es ging mir augenblicklich gut, so als wäre nichts Negatives geschehen. Im darauf folgenden Monat brachte jene Frau ihre Kinder zurück. Ich erreichte mein Ziel und kaufte fünf Jahre später mein Traumhaus."

Joys unsichtbarer Führer kannte sie nur zu gut, um zu wissen, welche ihrer Wünsche ihr zum Vorteil gereichten und welche nicht. Auf dieser Bewertung basierte die Art der Hilfe, die er ihr gewährte. Joy zeigte eine bewundernswerte Bereitschaft, den Anweisungen zu folgen. Im ersten Fall wandte sie ihre Aufmerksamkeit von sich ab und konzentrierte sich darauf, anderen zu helfen. Im zweiten Fall verdoppelte sie ihre Anstrengungen, um ihr Ziel zu erreichen. Ein wesentlicher Aspekt zeigt sich in Joys Entschluss, sich selbst zu helfen. Sie saß nicht, wie manch einer, nur herum und träumte von ihrem Haus, sondern arbeitete dafür.

Die Tagebucheintragungen von Sarah Mullins aus Pennsylvania beweisen ihre Fähigkeit, selbst in einer Zeit äußerster finanzieller Schwierigkeit, ihre positive Einstellung zu wahren. Während der ersten Wochenhälfte notierte sie den Einfluss von Engeln als das Hilfsangebot vonseiten eines völlig Fremden, inneren Stimmen, die sie vor Verkehrsschwierigkeiten warnten, das rechtzeitige Aufflackern ihrer Schlafzimmerlichter und die Schmetterlinge, die sie auf ihren täglichen Spaziergängen begleiteten. In jedem einzelnen Erlebnis sah sie eine Hoffnungsbotschaft.

Die gleiche hoffnungsvolle Einstellung lässt sich auch aus ihren langen Eintragungen während der letzten drei

Wochentage erkennen, an denen der Brennpunkt mehr auf ihrer Arbeitssituation ruht.

„Fünfter Tag: Wenn mich die Arbeitslosigkeit bedrückt, werde ich rasch dazu gebracht, mich auf Jesus und das Gute, das ich besitze, zu konzentrieren, eine schweigende, glückliche Inspiration.

Sechster Tag: Ich fühle mich dazu angeleitet, eine ‚vorübergehende' Arbeit anzunehmen, die ich eigentlich nicht mag. Am Arbeitsplatz finde ich Anerkennung und man bietet mir eine Vollzeitbeschäftigung an.

Siebter Tag: Wenn ich mich auf meinem täglichen Spaziergang über etwas oder jemanden sorge, höre ich die innere Stimme sagen: ‚Es ist alles in Ordnung.' Amen, so sei es denn."

Es könnte durchaus Sarahs positive Einstellung gewesen sein, die ihr zur Lösung ihres Berufsproblems verhalf. Es ist wohl kaum denkbar, dass ein für geistige Hilfe verschlossener Pessimist der Anweisung gefolgt wäre, eine unliebsame, vorübergehende Beschäftigung anzunehmen. Falls ja, hätte er dann über genügend Begeisterung verfügt, seine Pflichten so gut zu erfüllen, dass man ihm eine Vollzeitbeschäftigung angeboten hätte?

Auch die Geschichte des achtundvierzigjährigen Lewis E. King aus Virginia zeigt, wie wichtig es ist, das Beste aus den gegebenen Möglichkeiten zu machen. Seine berufliche Chance könnte man vielleicht als Geschenk eines Engels betrachten. Was er damit anfing, hing von ihm ab.

In den 1970er-Jahren beschloss Lewis, das College zu besuchen, und vereinbarte mit seinem Arbeitgeber, dass er keine Überstunden mehr machen wollte. Aber nach einiger Zeit verlangte die Firma doch größeren zeitlichen Einsatz von ihm, sodass er sich schließlich gezwungen sah zu kündigen, um seine Ausbildung fortführen zu können.

„Da gab es ein junges Mädchen mit Namen Linda, das ich sehr gerne mochte“, schreibt er, „doch ich erachtete sie als zu jung für mich. Sie arbeitete in einem Restaurant vor der Stadt. Ich begann, mich mit einem anderen Mädchen zu treffen, das ebenfalls dort arbeitete. Mit der Zeit stellte sich jedoch heraus, dass es den Leuten Geschichten erzählte, die ganz anders klangen, als das, was sie mir sagte.

Inzwischen hatte ich mein Studium abgebrochen, war arbeitslos und besaß noch sage und schreibe 25 Cent. Ich hatte wohl mein letztes Abendessen an jenem Tag zu mir genommen. Linda setzte sich nach einem frühen Feierabend zu mir an den Tisch und versuchte, mir von den Possen meiner Freundin zu berichten. Ich erinnere mich nur noch, dass sie an jenem Abend, sichtlich beeindruckt von meiner – ihrer Ansicht nach – großartigen Fähigkeit zu vergeben, das Lokal verließ.

Auf dem Heimweg wurde sie von einem betrunkenen Autofahrer angefahren und getötet. Ich trauerte sehr um dieses Kind und fragte Gott: ‚Warum sie und nicht ich?‘

Später gab ich meine letzten 25 Cent für eine Tasse Kaffee plus Trinkgeld aus. Am folgenden Tag erhielt ich mit der Post eine Kreditkarte, die es mir ermöglichte, bis zu meinem ersten Gehaltsscheck zu leben."

Einer von Lewis' früheren Vorgesetzten war zum Außendienstleiter einer nahe gelegenen Firma aufgestiegen. Es kostete ihn einige Mühe, Lewis ausfindig zu machen und ihm die Stelle als Ingenieur im Außendienst anzubieten.

„Zwei Jahre lang galt ich als der Wunderknabe, dem alles gelang", fährt Lewis fort. „Das einzige Empfehlungsschreiben seitens eines Kunden, das die Firma je gesehen hatte, galt mir."

Die genaue Verbindung zwischen dem Tod von Lewis' Freundin und dem Beginn seiner Glückssträhne lässt sich nur schwierig ermitteln, obwohl das zeitliche Zusammentreffen beider Ereignisse vielsagend ist. Vielleicht gab Linda, sozusagen in engelgleicher Weise, den Anstoß dazu, dass der frühere Chef Lewis suchte und ihm die Stelle anbot, die er auch annahm. Hierbei handelt es sich natürlich um reine Spekulation. Lewis' abschließende Bemerkungen zeigen allerdings, dass für ihn keinerlei Zweifel bestehen, wem er den finanziellen Aufschwung zuzuschreiben hat. „Diese Stelle schenkte mir der Himmel. Danke dir, Linda! Ich hoffe, unsere Wege werden sich kreuzen, wenn du zur Erde zurückkehrst, was vielleicht sogar schon geschehen ist."

Sollte es tatsächlich zutreffen, dass Linda, wie Lewis annimmt, die Erde verließ und ihm dann aus der geistigen Welt finanzielle Unterstützung zukommen ließ, so liegt hier ein Fall vor, bei dem eine Menschenseele als Schutzengel eines anderen Menschen wirkte. Wie die genaue Erklärung auch aussehen mag, Lewis erhielt im Augenblick größter Not die erforderliche Hilfe. Es fällt nicht schwer zu glauben, dass irgendjemand irgendwo über ihm wachte.

Die Gewissheit, die sich durch die Geschichten dieses Kapitels zieht, besteht darin, dass wir uns durch die Suche nach einer Verbindung zum Engelreich nicht der Gnade der physischen Ebene ausliefern. Wir sind in diesen Berichten Menschen begegnet, die an die Hilfe der Engel glauben und ihre unsichtbaren Beschützer häufig darum bitten. Ein Zyniker mag einwerfen, dass nur jemand, der aus Unfähigkeit seinen eigenen Lebensunterhalt in der „wirklichen" Welt nicht zu verdienen vermag, wirtschaftliche Hilfe aus der geistigen Welt erwarten könne.

Doch die vorliegenden Berichte zeigen unmissverständlich, dass von Unfähigkeit hier nicht die Rede sein kann und für die materiellen Nöte tatsächlich Sorge getragen wird. Uns allen steht eine Hilfe zur Verfügung, die jemand, der die Existenz einer geistigen Welt leugnet, nicht einmal erkennt. Gott und Seine Engel sehen unsere materiellen Bedürfnisse und besitzen die Fähigkeit, uns zu unterstützen. Jesus gab uns das Versprechen: „... suchet zuerst das Reich Gottes und alle diese (materiellen) Dinge werden euch hinzugegeben werden" (Lukas 12,31). Er wusste wohl, wovon Er sprach.

KAPITEL 10

Marjorie Johnson

Elfen und Engel

Elfen, die Kranke besuchen

M. J. Field aus Somerset schrieb mir, dass einige ihrer Freunde festgestellt hatten, dass Elfen sie besonders gerne besuchten, wenn sie krank oder auf dem Wege der Besserung waren. „Haben Sie auch diese Erfahrung gemacht?", fragte sie.
Ich kann die Frage durchaus bejahen, obwohl sich mein Erlebnis von denen anderer Briefschreiber unterscheidet. Ich erinnere mich aber noch ganz genau daran.
Am Abend des 20. April 1988 hatte ich mich gerade ins Bett zurückgezogen, als ich eine Elfe um meinen Kopf fliegen sah. Andere Elfen gesellten sich zu ihr, und alle flogen sie beständig überall um mich herum, bis ich den Eindruck gewann, dass sie mich für etwas, was auf mich zukommen würde, vorbereiteten und stärkten.
Es geschah alles viel zu rasch. Am folgenden Tag saßen meine Schwester und ich beisammen und unterhielten uns vergnügt, als ihre Worte plötzlich durcheinander gerieten und sie einen Schlaganfall erlitt. Gelähmt, lebte sie noch einige Tage und glitt dann friedlich ins Jenseits hinüber.

Sie war es gewesen, die mir einige Erlebnisse mit Elfen, die sie liebten, mitgeteilt hatte, die in diesem Buch enthalten sind. Die Elfen wussten, dass sie ihren Tod nicht verhindern konnten, weshalb sie versucht hatten, mich zu stärken, und hätten sie sich nicht im Voraus so liebevoll um mich gekümmert, wäre der Schock für mich noch größer gewesen, als er ohnehin schon war.

Anfang des Jahres 1965 fühlte sich I. Morrison aus Glasgow nicht wohl. Jedes Mal, wenn sie während der Nacht aufwachte, sah sie einige Elfen im Kreis an ihrem Fußende sitzen. Sie besaßen wunderschöne Farben, unterhielten sich eifrig und machten Zeichen mit ihren Händen. Sie war daran gewöhnt, Elfen zu sehen, doch in Zeiten der Krankheit schienen sie immer um sie zu sein. Einmal erwachte sie gegen zwei Uhr morgens und sah zwei niedliche Zwerge in einem großen grünblauen Lichtkreis. Sie kamen auf sie zu, lächelten sie an und entfernten sich direkt über ihr zur Zimmerdecke hinauf, wo sie sich in zwei winzige Lichter verwandelten.

Dorothy J. Hanrock aus Walthamstow in London sah im Alter von zwölf Jahren zum ersten Mal Elfen, als sie sich nach einer Krankheit erholte. Kurz nach Tagesanbruch bemerkte sie eines Morgens winzige Stimmen und Gelächter. Sie blickte umher und sah auf der anderen Seite des Zimmers in einem Sonnenstrahl eine Gruppe von

mindestens dreißig, etwa zehn Zentimeter großen Zwergen. Die Männer trugen kegelförmige Hüte, und ihre Hosen und Schuhe aus glänzendem, lederähnlichem und verschiedenfarbigem Material waren aus einem Stück. Die Frauen trugen Kleider aus pastellfarbenem, hauchzartem Gewebe, und „etwas wie Flügel" schwebte von ihren Schultern.
„Mit Worten lässt sich die Schönheit dieser Szene nicht beschreiben", meinte J. Hanrock. „Ihre Sprache konnte ich nicht verstehen, aber ihr Lachen werde ich nie vergessen, es hörte sich wie das Geläut winziger Glocken an."
Sie schienen sie nicht zu bemerken und durchquerten zu ihrer Überraschung alle den Raum und verschwanden durch die Wand. Sie konnte es ganz deutlich sehen.

Als Josephine, die älteste Tochter von Winifred Kirby aus Leicestershire, sechs Jahre zählte, erkrankte sie an Scharlach. Ihre Mutter saß eines Tages an ihrem Bettchen, als sich das Kind lachend aufrichtete und nach etwas griff, das ihr immer wieder zu entwischen schien. Auf die Frage, was sie denn da mache, antwortete sie: „Ich versuche den kleinen Mann zu fangen."
Damals glaubte Frau Kirby, das Kind fantasierte, „aber inzwischen", meinte sie, „habe ich erkannt, dass der kleine Mann erschien, um sie zum Lachen zu bringen und sie wieder gesund zu machen."

Martha C. Smith aus den Vereinigten Staaten wollte gerade das Licht löschen und zu Bett gehen, als sie einen blauen Dunst im Zimmer bemerkte. Nachdem sie still um Vertrauen und Einstimmung gebetet hatte, stand sie da und beobachtete die Stelle. Es schienen fünf Elfen dort zu sein, obwohl sie von ihrem Standort aus nicht den gesamten Raum zu überblicken vermochte. Ihr „kleiner Mann", ein Naturgeist, der sich oft in ihrer Nähe aufhielt und über den wir an anderer Stelle mehr erfahren werden, leitete irgendeine angeregte Diskussion, und sie benötigte einige Minuten, um zu entdecken, dass man über sie sprach. Sie war sehr ruhelos gewesen und hatte mehrere Nächte lang nicht schlafen können. Daher hatte sie um Hilfe gebeten, was wohl Gegenstand der Beratung war. Als sie das Zimmer verließen, blieb ein blassblaues Licht zurück. Sie ging mit dem Gefühl zu Bett, schlafen zu können, und bemerkte einen schwachen Duft von Medizin und Kräutern. In jener Nacht schlief sie trotz des schrecklichen Sturms, der, ohne dass sie es gehört hatte, sogar die Eingangstür aufblies, tief und fest.

„Als ich aufwachte", schrieb sie, „wusste ich, dass ich während der Nacht irgendwo gewesen war, und erkannte auch, dass ich meine „Nerven" wieder im Griff hatte und mich viel besser fühlte. Dies war meine erste Begegnung mit dem Heilwirken der Elfen, und ich hieß sie willkommen."

F. E. Cotton schrieb aus Tasmania, dass vier sieben bis acht Zentimeter große Elfen einem ihrer Verwandten, Jackson Cotton, hilfreich zur Seite standen, als er sich von seiner Krankheit erholte. Zwei männliche Elfen setzten sich auf die eine Bettseite und eine männliche und eine weibliche Gestalt auf die andere. Sie trugen kittelähnliche Kleidung und die Männer hatten einen Bart. Für eine hellsichtige Person waren sie ebenso körperlich und real wie jeder andere Besucher, doch beim ersten Geräusch pflegten sie zu verschwinden, um erneut aufzutauchen, sobald alles wieder still war.
Obwohl er sich nach der Krankheit sehr schonte, litt er mit Sicherheit nicht unter Halluzinationen, versicherte Jackson Cotton.

Grace Ridge aus Gillingham in Kent hatte seit frühester Kindheit Zwerge gesehen, die sie auch in ihrem Schlafzimmer besuchten. Einmal lag sie nach einer Krankheit allein im Bett und bedauerte sich selbst, denn es war ein langweiliger Tag, und nicht einmal die Sonne schien, um sie aufzuheitern. Plötzlich erfüllte ein rosafarbenes Licht den Raum, und da sah sie direkt über dem Bettende fünf allerliebste Elfen in rosa Blumenkleidern, die sie an Rosen erinnerten. Sie drehten sich mit großer Geschwindigkeit im Kreis. Als sie verschwanden, hinterließen sie eine Heilkraft, die ihre Stimmung hob.

Als Emma S. King 1939 ihrer Schwägerin in ihrem Schlafzimmer eine Heilbehandlung gab, bemerkte sie, dass der Astralkörper der Patientin in einer Blumenwiese lag.
Einige Heinzelmännchen und winzige weiße Äthergeschöpfe, die immer wieder aus dem Gras auftauchten und dann erneut darin verschwanden, verbanden sie mit der Energie des Heilaromas von Gras und Blumen. Sie standen unter der Aufsicht einer etwa fünfundvierzig Zentimeter großen Elfe mit malvenfarbenen Flügeln und Gewändern. Sie berührte Coral auf der Stirn und sprach: „Nimm den Duft der Gesundheit in dich auf, Menschenkind.“ Es war ein wunderschönes Bild.
„Am 27. April 1937 machte ich mich auf den Weg nach Albert Park, um meine Freundin zu überreden, ein paar Tage mit mir in Kew in Victoria zu verbringen, da sie ein schwaches Herz hatte und eine Rippenfellentzündung hinter ihr lag. Vor der kurzen Reise wollte ich ihr noch eine Heilbehandlung geben. Im Zentrum ihres Körpers nahm ich einen blauen Lichtwirbel wahr. Vibrierend und leuchtend breitete sich das Licht aus, bis es den gesamten Körper einhüllte. Auf ihrer Stirn stand eine Elfe, ein zartes kleines Wesen, das malvenfarben schimmerte, auf dem Kopf ein allerliebstes Lichtlein trug und in der Hand einen winzigen Zauberstab hielt.
Als ich meine Freundin ein anderes Mal behandelte, habe ich Wichtel an dem entzündeten Brustfellbereich ar-

beiten und die Störung, die weißen Fäden glich, herausziehen gesehen. Eigentlich haben wir beide diesen Vorgang mehrmals beobachtet, denn meine Freundin besitzt noch größere hellseherische Fähigkeiten als ich."

Ein anderer Bericht von der Heilkraft der Zwerge kam von D. Goddard aus Totton in Hampshire. Als sie an Mandelentzündung erkrankt war, spürte sie ganz deutlich die Anwesenheit von zwei kleinen Wesen, eines am Kopf- und das andere am Fußende ihres Bettes. „Sie waren etwa fünfzehn Zentimeter groß und hatten rosige kleine Gesichter", schrieb sie. „Ihre Bärte bestanden nicht aus Haar, sondern einem viel feineren Material. Sie strahlten Zufriedenheit und Liebe aus, aber auch Zielstrebigkeit und Energie. Sie ließen sich mit nichts Irdischem vergleichen und schienen sich einige Minuten lang einen hauchzarten Faden vorwärts und rückwärts gegenseitig zuzuwerfen. Ich erholte mich rasch, obwohl mein Hals sehr entzündet gewesen war. Heute weiß ich, dass es sich bei jenem Faden um die materialisierte Form von Heilenergie gehandelt hatte." D. Goddard fügte noch hinzu, dass sie ein Empfinden von Verlust verspürte, als die Zwerge sie verlassen zu haben schienen. Sie bedauerte, dass sich der Durchschnittsmensch der Gegenwart solcher Wesen nicht bewusst ist.

Mit vier Jahren fesselte eine Mandelentzündung Eva Parker aus Ilkeston in Derbyshire ans Bett. Sie war gerade im Begriff einzuschlafen, als sie bemerkte, dass sie sich in einem Feld befand, das von kleinen Hügeln übersät war, auf dem winzige Gestalten herumtollten. Jede war grün gekleidet, mit einer braunen Schürze und einem konischen Hut. Sie spielten Bockspringen und schienen sich sehr zu amüsieren. Das Kind fühlte sich glücklich und sorglos. Als ihre Schwester ins Zimmer kam und sie betrachtete, gab sie vor zu schlafen, denn sie wollte nicht sprechen und dadurch ihr schönes Erlebnis verderben. Im Zimmer wieder allein gelassen, sah sie einen der Gnome seine Schürze aufhalten und einen Zwerg nach dem anderen kopfüber hineinspringen und verschwinden. Sie fühlte sich später aufgemuntert und gesundheitlich viel besser.

Eines Morgens betrachtete M. O. Weller aus Cranleigh in Surrey in dem sonnendurchfluteten Schlafzimmer besorgt ihren Mann, der mit Herzbeschwerden darniederlag, als etwas anderes ihre Aufmerksamkeit erregte. Acht Elfen schwebten anmutig durch das Zimmer. Mit ihren hübschen, von hellem Haar umrahmten Gesichtern glichen sie kleinen Puppen mit Flügeln. Ihre langen Kleider zeigten ein jedes eine andere Farbtönung – Kirschrot, Blassgrün, Blau, Tiefrosa, Malven, Orange, Gold und Zitrone.

Verzaubert von dem farbenfrohen Anblick, betrachtete sie die Elfen eine Weile. Sie erzählte ihrem Mann davon, doch der konnte sie nicht sehen. „Nun", meinte sie traurig, „meine Familie glaubt mir nicht!"

Im Juni 1959 schrieb mir G. K. Evason aus Kent: „Als ich den Schreibblock in die Hand nahm, um Ihnen zu schreiben, schien ich von lauter glücklichen Elfen umgeben zu sein. Ich konnte nur ihre Anwesenheit spüren, zu sehen vermochte ich sie in diesem Moment nicht. Nun aber, da ich zu schreiben beginne, nehme ich einen Elfenreigen zu meinen Füßen wahr, angeführt von ihrer ‚Königin'. Sie besitzt Flügel und ihr hauchzartes Gewand erstrahlt weiß und blau. Ihr winziger Zauberstab mit dem funkelnden Stern an seiner Spitze leuchtet. Sie schaut mich an. Ihr helles Lockenhaar wellt sich in den Nacken hinab. Sie singt und läutet mit kleinen Silberglocken. Die Elfen singen und tanzen zum Takt. Nun erkenne ich, dass ihre Schwingungen auf die rechte Seite meiner Kehle gerichtet sind. Die Königin zeigt auf die schmerzende Stelle und lässt mich wissen, dass sie Heilkräfte darauf konzentrieren will. Diese brauche ich tatsächlich, denn mein Zustand hat mich seit langem sehr beeinträchtigt."

Während Muriel M. Golding in Leeds lebte, litt sie nach einer schweren Grippe unter Schlaflosigkeit. Unruhig

wälzte sie sich im Bett hin und her und sehnte sich nach Schlaf, als sie plötzlich auf ihrem Kopfkissen eine kleine Gestalt, eine Art Kobold, sah, der nicht größer als fünfzehn Zentimeter war. Er schien blauweiße Hosen und ein Jackett zu tragen. Sein neugieriges kleines Gesicht blickte schelmisch drein. Er lachte sie an, doch sie konnte nicht so recht glauben, dass er wirklich da war, und schloss die Augen. Als sie diese wieder öffnete, stand er immer noch dort. Er lupfte die Bettdecke, legte sein Gesicht auf das Kopfkissen und zwinkerte ihr zu. Dann verschwand er.
„Falls er auftauchte, um mich zu erheitern, dann war ihm dies mit Sicherheit gelungen", meinte sie.

Selbst der operative Eingriff eines Zahnarztes bleibt nicht von der Anwesenheit der Elfen verschont. Gewisse Medikamente und Betäubungsmittel können die Schwingungen des menschlichen Körpers beeinflussen. Unter der Einwirkung der Narkose wird der Äther- oder Vitalkörper zum Teil aus der physischen Hülle getrieben, was den Patienten für übersinnliche Schwingungen empfindsamer macht. Einige Patienten erleben dann Perioden der Hellsichtigkeit. Dies geschah im Falle von Gwen Morley aus Nottingham, die mir versicherte, dass sie während einer Zahnbehandlung, bei der sie unter Betäubung stand, die Elfen sehr deutlich und wirklich wahrnahm. Sie hatten wohl etwas von der

ektoplasmischen Substanz ihres losgelösten Ätherkörpers angenommen, denn sie waren von durchsichtig weißer Farbe. Sie trugen ballettähnliche Kleider und winkten mit ihren Zauberstäben, als sie um sie herumkreisten, zweifellos um Heilkräfte zu übertragen.
Der Anblick dieser lieblichen kleinen Geschöpfe versetzte sie in solches Entzücken, dass sie sich wünschte, länger verweilen zu können. Doch dann wurde sie sich der Hand des Zahnarztes auf ihrer Wange bewusst und die Elfen verschwanden augenblicklich. Sie bedauerte es zutiefst, dass sie diese nun nicht mehr sehen konnte.

Engel

Geoffrey Hodson, der die Bücher „In den Sphären des Lichtes", „Die Engel und die Entwicklung des Lebens", „The Brotherhood of Angels and of Men", „The Angelic Hosts" und „The Coming of the Angels" schrieb, beschreibt diese Wesenheiten als „Naturgeister, die eine sich ihrer selbst bewusste, individuelle Existenz erreicht haben", und als „geistige Emanationen des Absoluten". Die Griechen und Römer nannten sie „Götter", während sie im Sanskrit als „Devas" bezeichnet werden, was „Lichtwesen" bedeutet, da ihre Körper aus sich heraus leuchten. Die Definitionen der einzelnen Wörter-

bücher lauten unter anderem „Gottesdiener“, „Gottesboten“, „dienende Geistwesen“.
Zu ihren Reihen gehören Engel der Musik; Engel der Schönheit und der Künste; Engel des Todes und der Geburt; Schutzengel; Engel der Zeremonie; Engel der Natur und die Erbauer-Engel, die den Urgedanken verkörpern.
Flower A. Newhouse, die Begründerin der „Christward Ministry“ in Kalifornien, erklärte, dass die christliche Bibel an 295 Stellen auf das Wirken und die Existenz dieser strahlenden Wesen hinweist. Sie schaute wirklich in das Reich der Engel, und ihre wunderschönen Bücher „Engel und Devas“, „Lichtwesen“ und „Engel der Natur“ stellen authentische Berichte ihrer Erfahrungen dar. Die Engel waren ihr ebenso bewusst wie ihre Familie und ihre Freunde und sie meinte: „Diese Gabe erweiterten Sehens, die es mir erlaubt, die Lichtwesen zu erblicken, wird erst sinnvoll, wenn ich andere an den Wahrnehmungen teilnehmen lasse.“
Ebenso wie die niederen Naturgeister den Garten- und Waldblumen bei ihrer Entwicklung helfen, unterstützen uns die Engel bei der Entfaltung unseres „tausendblättrigen Lotos“ (dem Kronen-Chakra oder geistigen Zentrum des Menschen).
Wenn die Engel untereinander kommunizieren, bedienen sie sich einer Farbsprache, mit uns aber treten sie gewöhnlich auf telepathischem Wege in Verbindung. Ei-

nige Seher von Elfen und Engeln empfangen jedoch einen starken Eindruck wirklicher Vokalklänge, die in der eigenen Sprache des Sehers zum Ausdruck kommen. Swedenborg erklärte, dass die Worte eines Engels ebenso sonor klingen wie die eines Menschen zu einem anderen, von den Umstehenden jedoch nicht vernommen werden können, da sie zuerst in die Gedanken des Menschen fließen, innerlich das Hörorgan erreichen und es so von innen her anreizen.

Ein Engel meinte zu Geoffrey Hodson: „Die erste Voraussetzung lautet, dass ihr an unsere Existenz glaubt.“ Sie wünschen also, dass wir unsere Herzen und unseren Geist öffnen, um ihren wohltätigen Einfluss und ihre ewige Gegenwart wahrzunehmen. Dann können die dichte Wolke des Materialismus durchstoßen und die erforderlichen Kanäle gebildet werden, durch die sie größere Ströme heilender Kräfte in die Krankenhäuser zu senden vermögen und damit neue Hoffnung und Führung für unsere kranke und kriegswunde Welt, denn der Kampf in dieser Welt ist lediglich eine Manifestation des individuellen inneren Konflikts. Die Ursache liegt in uns selbst, da alles mit der Kraft des Gedankens beginnt.

Unglücklicherweise haben wir diese schöpferische Kraft in einer solch zerstörerischen Weise benutzt, dass wir in einer Scheinwelt voller falscher Konzepte verstrickt sind.

Vor vielen Jahren war es mir vergönnt, einen flüchtigen Blick eines erhabenen goldenen Heilengels während eines Heilgottesdienstes zu erhaschen, den Bruder Mandus von der „World Healing Crusade“ von Blackpool in einer Kapelle in Nottingham abhielt. Dem Gottesdienst vorstehend, schien der Engel dabei zu helfen, den starken Strom der Heilenergie zu verteilen und auf die Patienten zu konzentrieren, und während jene mit rheumatischer Arthritis behandelt wurden, blitzten herrliche Strahlen rosenfarbenen Lichts aus der Aura dieser erhabenen Wesenheit herab, sodass einige der Patienten besser laufen und ihre Hände strecken konnten. Zwei Farbtherapeuten, die an einer vorangegangenen Sitzung teilgenommen hatten, erzählten mir, dass sie sahen, wie der Engel blaue Lichtströme auf die Patienten mit Katarakt ausgoss und die Augen sich in mehreren Fällen vollständig geklärt hatten.
Bei einer Kommunion durfte ich einmal „den Engel der Gegenwart“ am Altar sehen. Dieser Engel besitzt ein Antlitz von überirdischer Schönheit und vertritt den Christus.
In einer ungewöhnlich stürmischen Nacht im November 1977 stand ich in meinem Schlafzimmer und zögerte, ins Bett zu gehen, da eine Warnmeldung über das Radio ausgestrahlt worden war. Es gab Augenblicke drohender Stille, bevor die Gewalt des Sturms mit eruptiver Leidenschaftlichkeit erneut losbrach. Ich hörte

Sachen draußen klappern und umfallen und fürchtete mich. Ich betete um Schutz für meine Schwester und mich und alle Nachbarn, und obwohl ich beschloss, ins Bett zu klettern und das Licht zu löschen, blieb ich sitzen.

In diesem Moment erblickte ich eine strahlende Lichtgestalt neben meinem Bett und alle meine Ängste zerrannen. Ich fühlte mich ruhig und gestärkt und wartete darauf, dass die Wesenheit sprach, doch nach einigen Minuten verschwand sie und hinterließ in mir die Anweisung, die Bibel zu öffnen und dieser die Botschaft zu entnehmen.

Auf meinem Nachttisch lag eine „Olive-Pell"-Bibel. Ich machte also Licht und schlug das Buch intuitiv auf. Die Seite mit den Psalmen öffnete sich und meine Augen fühlten sich instinktiv zu dem Psalm 4, Vers 8, hingezogen. Die Worte lauteten: „Ich will mich in Frieden niederlegen und schlafen; denn Du, Herr, lässt mich in Sicherheit ruhen."

Ein Pilger zur Hereford-Kathedrale sah kurz nach der Heiligen Kommunion zwei dieser Lichtwesen auf jeder Seite des Altars stehen. Einige Wochen vor der „Luftschlacht um England" wurden ungefähr achtzehn von ihnen in der St.-Pauls-Kathedrale wahrgenommen, die ihre Kräfte auf den Altar konzentrierten.

In dem Buch „The Light of Ivah Bergh Whitten" zitiert Dorothy Agnes Bailey die verstorbene Farbtherapeutin

und Begründerin des A.M.I.C.A. (Aquarian Metaphysical Institute of Colour Awareness), die diesen Engelwesen gegenüber tiefe Dankbarkeit für ihre Zusammenarbeit entgegenbringt: „Diese Deva-Freunde haben mir stets näher gestanden als selbst die besten Freunde auf der Erde. Sie scheinen immer meine Motive zu verstehen und meine Wünsche vorauszuahnen und umgeben mich mit großer Liebe und Hingabe."
Sie beschrieb sie als leicht und äußerst fein proportioniert und mit anmutig rhythmischen Bewegungen. „Einige von ihnen strahlen in blassem Violett, andere in Grün, allen aber ist ein gewisser Grad an Leuchtkraft zu Eigen. Die größten und schönsten umgibt ein Glanz, der an ‚Perlmutt' erinnert."
In seinem Buch „Fragrant and Radiant Symphony" führt Roland T. Hunt den folgenden Auszug aus einem Brief von Ivah Bergh Whitten an: „Wenn ich krank bin (oder Schwierigkeiten habe), scheint sie (Deva oder Schutzengel) mich mit dem sanft rosafarbenen Mantel ihres liebenden Bewusstseins zuzudecken, das es ihr wie eine Art Stethoskop ermöglicht, jede einzelne meiner Schwingungen zu ermitteln. Wenn ich unter Schmerzen leide, sendet sie ein bleiches, klares, apfelgrünes Licht mit violetter Ausdehnung, etwas, das ich bei meiner gewöhnlichen Heillampe noch nie gesehen habe. Es gleicht eher einem grünen Licht mit einer violetten Aura. Es ist umgeben und durchdrungen von den sanf-

ten Klängen eines Musikrhythmus, dessen Tempo sich zu steigern scheint, wenn das Schmerzzentrum erreicht wird. Dann verblasst es allmählich in eine träumerisch sanfte Schwingung, wie das Summen von Engeln. Solange der Schmerz anhält, bin ich mir keines Duftes bewusst. Sobald sich die Kraft zurückzieht und nur einen schwachen Rhythmus von Klang und Farbe zurücklässt, nehme ich einen ganz zarten Veilchengeruch wahr."

Josephine Burton aus Nottingham, in deren Obhut eine Mädchengruppe während eines Camps in der näheren Umgebung stand, betete um deren Sicherheit.
Während der Nacht wachte sie plötzlich in ihrem Zelt auf und sah einen wunderschönen strahlenden Engel mit großen Flügeln, der ihr sagte, sie solle darauf vertrauen, dass den Mädels nichts passieren würde, solange sie in ihrer Obhut standen. Dann verschwand er.

Der verstorbene Douglas Hunt aus Hertfordshire, der Autor des Buches „Exploring the Occult", erzählte mir, dass er nie Elfen oder Engel gesehen hatte, doch als er den Vorsitz einer Freimaurergesellschaft übernahm, wurde er sich tatsächlich der Anwesenheit und Hilfe eines erhabenen Engelwesens bewusst, und er fügte hinzu, dass sich zudem noch andere, geringere Wesenheiten um weitere Abteilungen der Gesellschaft kümmerten.

Ellen Hilton, die in Lancashire ein Heilzentrum besaß, wohnte einmal in einem sogenannten Pilgerhaus, dessen Türen und Fenster Tag und Nacht unverschlossen blieben, eine Tatsache, die kilometerweit bekannt war. Im Dorf lebte ein Junge, den man als „Problemkind" bezeichnete. Vor Gericht fragte man ihn, warum er in alle Häuser eingebrochen, nicht aber den Versuch unternommen hatte, in dem Pilgerhaus etwas zu stehlen.
„Ich konnte nicht", erwiderte er, „da waren lauter Engel an der Tür."
Im Gerichtssaal herrschte allgemeines Schweigen. Da wandte sich der Richter an den Jungen: „Du weißt doch, Tom, dass die Türen und Fenster in diesem Haus nie abgeschlossen werden?"
„Ja, Sir. Aber das machte keinen Unterschied. Ich konnte nirgendwo durch, wegen des Lichts."

Irene Bradshaw schrieb mir 1956:
„Ich wünschte, ich könnte an Elfen glauben. Aber ich erzähle Ihnen, was ich gesehen habe – ich habe Engel gesehen, und falls ich einen Beweis gebraucht hätte, der mich von einem Leben nach dem Tode überzeugte, dann wäre es das gewesen. Ich war noch ein kleines Kind, als ich sie sah, doch ich habe dieses lebendige Bild niemals vergessen können. Sie waren wunderschön, einige blond, einige dunkel. Alle lächelten und trugen weiße Gewänder mit einem blauen Schimmer.

Einige von ihnen besaßen Flügel. Sie sprachen mit einer klaren, lieblichen Stimme zu mir und schienen sich von mir zu verabschieden, da ein Engel meinte: ‚Wir müssen Sie nun verlassen.' Sie waren mir sehr nahe, und ich streckte meine Hand nach ihnen aus und berührte die sanfte Wange eines dieser Wesen. Ich konnte nicht alles verstehen, was sie sprachen."

Man schrieb das Jahr 1933. Sheila Bryant schlief in dem alten Haus alleine in ihrem Zimmer. Neben dem Bett lehnte ein frisch gerahmtes Bild, das darauf wartete, aufgehängt zu werden. Plötzlich weckte sie etwas aus tiefem Schlaf. Ihr Blick fiel auf das Bild, das herabgeglitten und auf den Boden gefallen war. Ein sanftes, goldenes Licht erfüllte den Raum, und am Fußende des Bettes erhob sich eine schlanke Gestalt mit einem unsagbar schönen Antlitz. Sie schaute nicht auf sie, sondern auf das umgefallene Bild. Dann wandte sie sich lächelnd ihr zu und das Antlitz begann noch leuchtender zu strahlen. Sie schauten sich eine Weile in die Augen, und Sheila Bryant wusste in diesem Moment, was es bedeutet, wenn es in der Bibel heißt, dass es im Himmel „weder Rede noch Sprache" gibt. Die Vision verblasste allmählich, und sie schlief glückselig wieder ein, denn sie wusste, sie hatte ihren Schutzengel sehen dürfen. „Es gab keinen Heiligenschein oder dergleichen", schrieb sie, „aber eine unbeschreibliche Leuchtkraft ging von diesem Engelwesen aus. Es war sehr groß. Arme und Hände konnte ich nicht sehen und der untere Teil der Gestalt war vom Bett verdeckt. Nichts bewegte sich, nur der Kopf und die Augen, die sich von dem Bild zu mir wandten und mich anlächelten. Ich kann mich nicht an einen Mund erinnern, wohl aber sehr deutlich an diese unsagbar schönen Augen – zuerst ernst und dann lächelnd."

Im Alter von acht oder neun Jahren schlief Norah de Courcy mit ihrer kleinen Schwester in einem Zimmer. Das Baby wachte oft des Nachts auf und weinte viel. Sie war deshalb daran gewöhnt, sich immer sehr still zu verhalten, und lag abends oft sehr lange wach, da sie so früh zu Bett gehen musste.

„An jenem Abend", berichtete sie, „muss ich wohl schon fast eingeschlafen sein, als ich meine Augen öffnete und im Dämmerlicht am Fußende meines Bettes einen Engel stehen sah. Er war klein, maß vielleicht etwas mehr als einen Meter, und hatte die hübschen grauen Flügel zusammengelegt, die ihm wie ein Mantel bis zu den Füßen reichten. Ich erinnere mich, dass ich nicht überrascht war, nur erstaunt und danach verlangte, diese Flügel zu berühren. Ich begann, zum Fußende meines Bettes zu krabbeln, aber da verschwand der Engel. Zunächst behielt ich dieses Erlebnis für mich, doch als ich schließlich meiner Mutter davon erzählte, meinte sie, dass sie selbst als Kind in Irland einen Elfenreigen beobachtet hatte, der mitten in der Luft tanzte – winzige Geschöpfe, alle strahlend in der Dunkelheit."

Die folgenden Briefauszüge stammen von G. K. Evason aus Kent.

„Zwei Engel mit schneeweißen Flügeln stehen an jeder Seite meines privaten Altars. Sie sind von mehreren Leuten gesehen worden, insbesondere während der Kriegsjahre, als ich wöchentliche Gruppentreffen dort veranstaltete, um Strahlen des Friedens hinauszusenden. Eine dieser Wesenheiten steht bisweilen hinter mir und hüllt mich schützend in ihre Schwingen ein. Ich weiß, dass diese Flügel nicht dem Fliegen dienen, sondern Symbol für einen sehr hohen Entwicklungsgrad sind.

Etwa einen halben Meter von mir entfernt erschien ein weißgekleideter Engel mit langen weißen Flügeln, von den Schultern bis zum Boden reichend, aber ich durfte nicht sein Gesicht sehen, das sich abwandte. Die gesamte Schwingung drückte Schutz und Reinheit aus. Seither hat mich dieses Engelwesen mehrmals aufgesucht. Auffallend sind der goldene Schein um sein Haupt und die golden erstrahlende Aura.

Als ich mich heute Abend in die ‚Stille Minute' einschaltete, erschien die Gestalt dieses Lichtwesens mit dem goldenen Schein neben mir, wieder in ein weißes Gewand mit einem Überwurf gehüllt. Diese Vision stellt sich stets zu derselben Zeit ein.

Den vergangenen Sonntagabend werde ich wohl niemals vergessen. Als ich die Gestalt anschaute, wandte sie sich mir zu und öffnete plötzlich die Schwingen. Diese eindeutige, unmissverständliche Geste schien alle meine Fragen hinsichtlich der Wirklichkeit von Engelwesen zu beantworten. Niemand wird meine Kenntnis von ihnen jemals erschüttern können.“

Von Hilda Litchfield erhielt ich den folgenden Bericht: „Im Alter von zehn Jahren lebte ich mit meinen Eltern als deren einziges Kind in Kandy auf Ceylon. Ich schlief in einem großen, weitläufigen Zimmer mit langen Fenstern und Jalousien. Diese wurden während der Nacht geschlossen, doch das helle Mondlicht strömte durch die Spalten.

Mein Vater lag damals ernstlich krank darnieder. Eines Nachts wachte ich auf und sah zwischen mir und dem Mondschein eine Gestalt etwa einen Meter über dem Boden schweben. Sie war wohl knapp zwei Meter groß und vollständig in Weiß gekleidet. Ein Blätterkranz schmückte ihr Haupt, und in der Hand hielt sie einen langen Palmzweig, der gegen die rechte Schulter lehnte. Das schöne, stille Antlitz blickte in die Richtung des Zimmers, in dem mein Vater lag.

Ich fürchtete mich und kroch augenblicklich unter das Bettlaken, wo ich lange verweilte, bis ich es endlich wagte, wieder hervorzulugen. Die Gestalt stand immer noch bewegungslos dort. Nach einiger Zeit verblasste sie allmählich.“

Ein anderer Bericht kam von J. Burrows aus Nottinghamshire.
„Meine Mutter lag in einem Altersheim und wartete auf die schwierige Operation, der sie sich zu unterziehen hatte. Eines Nachts wachte ich plötzlich auf und sah einen Engel neben meinem Bett stehen. Das Antlitz dieser in hauchzarte Gewänder gekleideten Gestalt mit den mächtigen Schwingen war von einer unsagbaren Lieblichkeit. Als ich sie betrachtete, hob sie mit einem Male langsam den Arm und wies gen Himmel. Sie schien mir ankündigen zu wollen, dass meine Mutter nicht geheilt werden würde.
Eine erfolglose Operation ließ sie noch zwei Jahre lang schwer leiden, bevor sie in die höheren Welten hinüberging. Der herrliche Gesichtsausdruck dieses Engelwesens aber prägte sich unauslöschlich in mein Gedächtnis ein.“

M. K. F. Thornley, eine Pilgerin im wahrsten Sinne des Wortes, war größtenteils zu Fuß durch verschiedene Länder Europas gereist, um die uralten heiligen Stätten und Quellen aufzusuchen und neu zu beleben, jene ehemaligen, doch nun vernachlässigten Heiligtümer der Erde.

In einem ihrer Briefe schrieb sie mir, dass sie sich einmal nach fünf Wochen mühsamen Reisens über Berg und Tal, bei der sie die geheimnisvollen Zentren des hl. Michael aufgesucht und miteinander verknüpft hatte, recht erschöpft fühlte. „Die große Begeisterung, die hinter der Pilgersuche liegt", meinte sie, „besteht darin, die kosmischen und heiligen Zentren des Planeten in Vorbereitung auf das Neue Zeitalter tatsächlich zu beleben und die hilfreichen Kräfte der mächtigen Wesenheiten durch menschliche Zusammenarbeit, Wiedereinweihung und Hingabe zu stärken."
Es folgen zwei ihrer Erlebnisse mit Engeln.

„Als ich jene Stelle in Ballinskelligs erreichte, an der sich die Quelle des hl. Michael befand, kniete ich auf dem Torf bei dem Wasser nieder und betete. Da sah ich ein Lichtwesen in meiner Nähe, nicht größer als ein Mensch und auf dem Boden stehend, nicht in der Luft schwebend, wie ich es gewöhnlich sehe. Die Vision dauerte nur einige Minuten, dann war sie entschwunden, aber es durchströmte mich ein unsagbares Glücksgefühl. Dann kamen zwei Bauersfrauen mit ihren Wasserkübeln über das Feld gegangen und begrüßten mich herzlich, als hätten wir uns schon immer gekannt. Eine von ihnen meinte: ‚Hier liegt der so genannte St.-Michaels-Fuß-Stein – man kann die Zehenabdrücke sehen – doch sie sind fast verschwunden vom vielen Da-

rüberfahren.‘ Sie schob ein wenig Gras beiseite und zeigte mir einen grauen, knapp fünfundvierzig Zentimeter langen Stein in Gestalt eines Fußes am Rande der Quelle, dessen graue Oberfläche von den vielen Fingern, die darüber gestrichen hatten, weiß geworden war. Er lag genau an jener Stelle, an der ich die Gestalt hatte stehen gesehen.
Ich unterhielt mich ein wenig mit der Frau und fragte sie dann: ‚Werden die erhabenen Wesen auch heute noch hier gesehen?‘ – ‚Oh, ja‘, antwortet sie still, ‚manchmal!‘ Ich erzählte nichts von meinem Erlebnis, aber die Natürlichkeit dieses kurzen Dialogs überzeugte mich von ihrem Glauben und dass sie meine Frage aufrichtig beantwortet hatte.“

An einem herrlichen Sommernachmittag des Jahres 1909 radelte ich alleine auf der Landstraße zwischen Frensham und Haslemere. Auf halbem Wege hielt ich bei einer kleinen Kirche an, die auf einer schmalen Grünfläche am Rande der einsamen Straße stand. Das Gebäude war weder alt noch neu und besaß weder innen noch außen einen besonderen Stil. Doch beim Eintritt hieß mich ein wunderbares Gefühl der Vertrautheit willkommen. Als ich auf den Altarstufen zum Gebet niederkniete, durchströmte tiefer Friede meine Seele, und die Luft schien von Segen erfüllt zu sein. Ich erhob mich und sank im Altarraum erneut betend nieder. Aufrecht kniete ich da, die Hände gefaltet nach unten hängend, den Blick gen Osten gerichtet. Ich erwähne diese Einzelheiten, um zu betonen, dass die Sonne nicht unmittelbar auf mein Gesicht schien und ich auch nicht meine Hände auf die Augen presste, was beides, verbunden mit einer träumerischen oder hingebungsvollen Vorstellungskraft, eine optische Täuschung hätte hervorrufen können. Zudem hatte ich mich bereits lange genug in der Kirche aufgehalten, um mich an den Lichtunterschied gegenüber dem hellen Tag draußen zu gewöhnen.

Tiefe Stille, Dankbarkeit und Freude erfüllten mich. Ich weiß nicht, wie lange ich in dieser Stellung verharrte, als ich mir einer herrlichen Wesenheit neben dem Altar bewusst wurde, einer hoch aufragenden Gestalt von azurblauer und weißer Ausstrahlung. Doch mehr noch als das blendende Licht und die erhabene Größe war der Duft von Liebe, der von dieser Gestalt ausging; eine Liebe, so lebendig und doch so friedlich und mitfühlend, dass sie sich mit Worten nicht beschreiben lässt.

Ich war in einer entpersönlichten Leidenschaft der Anbetung gehalten, einer solch innigen Liebe, dass ich fühlte, wie mein Lob mit dem starken Rhythmus der Liebe dieser erhabenen Wesenheit verschmolz und gleich einer glühenden Flamme des Frohlockens Gott entgegenloderte. Mein Geist schwebte in dieser zeitlos emporsteigenden Glückseligkeit und begann dann, sanft

erdwärts in ein Empfinden stiller Kraft und unbeschreiblicher Bereicherung zu sinken, in der ich ruhte, bis jenes Wesen sich zurückzuziehen schien und die äußere Erscheinungsform der Umgebung sich aufs Neue in mein Bewusstsein senkte. Ich erhob mich und verließ leichten Schrittes und erhobenen Herzens die kleine Kirche.
Seither ist das Leben nie mehr dasselbe gewesen. Eine starke Erinnerung, eine innere Gewissheit der Verheißung segnen immer noch jene grauen Stunden, jene Phasen der Prüfung, die unausweichlich zu unseren täglichen Lernübungen auf Erden gehören. Ein solch bleibender Reichtum liefert sicherlich den Beweis dafür, dass es sich bei jenem Erlebnis nicht bloß um einen frommen Tagtraum handelte, sondern einen Vorgeschmack auf die wahre Wirklichkeit in sich barg."

Emma S. King aus Australien sandte mir folgende Auszüge aus ihrem Tagebuch.

5. Oktober 1937
„Nach einer Heilbehandlung meiner Schwägerin fühlte ich mich recht ermattet von der Kraft, die durch mich hindurchgeflossen war, und ich legte mich bäuchlings auf den Boden, um selbst wieder gestärkt zu werden. Da erschien ein wunderschöner Engel über mir und mein Bewusstsein erhob sich beachtlich. Er war gut zwei Me-

ter groß und seine Aura erfüllte den gesamten Raum. Diese erstrahlte in leuchtendem Weiß mit einem goldenen Rand und in ihrer Mitte drehten sich etwa sechzig Zentimeter tiefe Kreise ineinander verschlungenen, goldenen Lichts. Die Füße des Engels berührten meine rechte Seite. Friede und Vertrauen erfüllten mein Herz. Ich lag in absolutem Wohlbehagen dort – physisch, astral und mental.

An meiner linken Seite bemerkte ich dann etwas, von dem ich geglaubt hatte, dass es gar nicht existierte. Knapp einen Meter von mir entfernt stand eine Verkörperung der dunklen Mächte, obgleich eine prächtige Gestalt, vom Körperbau her ebenso wie im Aussehen. Ich war höchst erstaunt und tief in mir, fast mechanisch, forderte ich sie auf: ‚Geh fort!' Da bemerkte ich, dass der Engel dieses Wesen der Dunkelheit direkt anblickte, sodass es sich trotz seiner Kraft nicht von der Stelle rühren konnte. Sicher in der schützenden Aura des Engels, erfüllte die plötzliche Erkenntnis des Entsetzens und der Qual eines solchen Lebens mein Herz mit tiefem Mitleid. Schon der Gedanke allein genügte, dass irgendein Wesen unter derartigen Umständen existieren musste. Als mein mitfühlendes Gebet emporstieg, wurde die Gestalt unseres Herrn dicht über mir sichtbar, und eine Stimme forderte mich auf, über dem dunklen Wesen das Zeichen des Kreuzes zu schlagen. Ich gehorchte und es schwand langsam dahin. Es war ein höchst seltsames Erlebnis. Man hatte mich die Kraft des Schutzes gelehrt, die uns umgibt, wenn wir beständig versuchen, unsere Gedanken und Bestrebungen aufwärts zu richten."

5. November 1939
Heilgottesdienst in der Liberal-Katholischen Kirche
„Die Kongregation wiederholte zusammen mit Pater Farquharson einen bestimmten Vers, als die strahlende Gestalt unseres Herrn vollständig den Altar verhüllte. Die von ihr ausgehende Kraft glich einem blau und weiß schillernden Feuer, und als der Geistliche den Heilengel anrief, stand dieses Lichtwesen zwischen unserem Herrn und den beiden Priestern. Die Kraft unseres Herrn strömte durch den Engel in die Priester und von diesen zu den Menschen, die zur Salbung bereit waren.

Das Wirken der unsichtbaren Helfer während dieser Gottesdienste beeindruckte mich mehr und mehr. Bei jenem Gottesdienst befanden sich auf der einen Seite der Kirche kleine Kinder, die während des Krieges in verschiedenen Ländern aus dem Leben geschieden waren, und auf der anderen Seite warteten dunkel gekleidete Seelen, die der Hilfe bedurften. Dazu gehörten insbesondere zwei sehr betrübte und unglückliche Frauen, die man aus der Astralebene herbeigebracht hatte, damit sie sich am Altar niederknieten. Sie zogen meine Aufmerksamkeit an. Sie knieten seitwärts nieder, nicht auf den strahlenden Heilengel blickend, sondern mit erschreckten Augen mich anstarrend. Mein Herz wandte sich ihnen mit ganz besonderer Liebe und Sympathie zu."

Dezember 1939
Heilgottesdienst, L.-K. Kirche
„Während des Bittgebetes erschien ein Engel unseres Herrn vor dem Altar. Er war sehr groß und überragte den Altar. Die Schwingungen seiner herrlichen Aura glichen schillernden Daunenfedern, die Ströme der Heilkraft in alle Richtungen aussandten. Als der stellvertretende Priester die Menschen salbte, erstrahlte seine Aura in leuchtendem Blau, in dem Silbersterne auftauchten und wieder verschwanden."

Februar 1940
Heilgottesdienst, L.-K. Kirche
„Leuchtend gelbe Schwingungen umgaben Pater Farquharsons Kopf während des Gottesdienstes. Als ich nach der Salbung zu meinem Sitz zurückkehrte, nahm ich den Heilengel vor dem Altar wahr. Die Kraft dieses herrlichen Wesens überflutete die gesamte Kirche, indem sie die beiden Priester in goldenen und rosafarbenen Strömen durchfloss. Mein Bewusstsein richtete sich gespannt auf das Antlitz dieses Engels, dessen Schönheit und Glorie mich alles Irdische vergessen ließen. Das

Verlangen brannte in meinem Herzen, diese Vision zu malen, aber gleichzeitig fühlte ich auch die Verzweiflung des Künstlers, der erkennen muss, dass selbst ein in Licht und Feuer getauchter Pinsel niemals diese Herrlichkeit wiedergeben konnte. Obgleich diese Wesenheit meine Aufmerksamkeit fesselte, vermochte ich dennoch um mich her die armen Seelen aus den Gefilden der Dunkelheit wahrzunehmen, die im Strom der Heilenergie knieten. Je stärker meine Liebe und Anteilnahme für sie zunahm, desto klarer und erhebender wurde die Vision des Engels.
Der Engel der Segnung unterschied sich sehr von ihm, denn, über der ‚Menge' schwebend, strahlte er Schwingungen des Friedens aus, die das Werk des Heilengels zu krönen schienen."

April 1941
Heilgottesdienst, L.-K. Kirche
„Am Palmsonntag überflutete der Heilengel das gesamte Gebäude mit wunderbaren purpurfarbenen Lichtstrahlen. Das Licht und die Kraft strömten durch Pater Furse-Morrish in einer wundervoll rosenfarbenen Schwingung, die seine Aura erfüllte, während er die Menschen salbte. Dieselbe Kraft durchfloss Pater Farquharson in opalisierendem Licht, durchsetzt mit viel Blau und Silber."

Melbourne 1942
Heilgottesdienst, L.-K. Kirche
„Der erste Heilgottesdienst im neuen Jahr. Als ich zur Salbung nach vorne trat, betete ich, ein Kanal sein zu dürfen, durch den die Heilkraft auf meinen kleinen Enkel übertragen werden möge, der mit Scharlach im Krankenhaus lag. Ich sah, wie sich die Kraft, von dem Engel ausgehend, durch mich direkt auf das Kind im Krankenhausbett übertrug. Die Heilkraft durchströmte einen Engel, der den Jungen und sein Bett überschattete. Es war interessant zu beobachten, wie die durch mich gleitende Heilenergie die Kraft des Heilengels, der sich bereits um das Wohlergehen des Kindes kümmerte, verstärkte."

Melbourne 1942
Heilgottesdienst, L.-K. Kirche
„Ich möchte versuchen, den Heilengel während gerade dieses Gottesdienstes zu beschreiben, da ich dergleichen nie zuvor gesehen hatte. Er verströmte ein strahlend silbernes Licht und eine heilende Kraft in alle Richtungen, begleitet von Frieden und einem unendlich unpersönlichen Mitgefühl, was sich weit über die Begrenzungen der kleinen Kirche hinaus erstreckte. Doch all dies übersteigend und weitaus stärker als alles andere war die unendliche Ausdauer, und der Engel schien das Tor zu einem unübersehbaren Reservoir dieser Kraft zu

sein. Ebenfalls ungewöhnlich war die Tatsache, dass dieser Heilengel auch die Segnung übernahm. Es ist das erste Mal, dass ich dies beobachtet habe, denn bisher hatte ich nur erlebt, dass der Heilengel für den Heilgottesdienst und dann ein anderer Engel die Verantwortung für die Segnungen übernahm.
In der darauf folgenden Woche suchte mich Pater Farquharson auf, um mir von dem Besuch dieses Engels bei Pater McConkie zu berichten, der auf dessen Geheiß die Heilgottesdienste ursprünglich begonnen hatte. Im Laufe ihrer langen Unterhaltung informierte der Engel ihn, dass er auf einem anderen Planeten gewesen war und an jenem Tage während des Heilgottesdienstes und den Segnungen zugegen sein würde. Dies erklärte, warum ich denselben Engel bei beiden Gottesdiensten gesehen hatte. Pater Farquharson, der mir erst nachdem ich ihm von meiner Beobachtung berichtet hatte, diese Information weitergab, freute sich sehr über die Übereinstimmung."

Veronica Maxwell sandte die folgende Beschreibung eines Engelwesens, das ein altes Heiligtum zu hüten schien.
„Ich weilte bei meinen Freunden, die eine wilde Insel jenseits der Donegal-Bucht besaßen. Eines Tages kletterte ich einen teilweise mit Wald bestandenen Berg hinauf, von dessen Kuppe ich den herrlichen Blick auf

siebzehn unbewohnte Inseln genoss, die sich in dem silbernen, im Sonnenschein glitzernden Wasser ausdehnten. Ich ließ mich auf einigen bemoosten Steinen nieder. Ein seltsames Gefühl überkam mich, und ich begann, das Moos ein wenig abzukratzen, als ich bemerkte, dass diese alten Steine zu einem in die Tiefe führenden Bauwerk gehörten, einem Altar oder dem Teil eines Tempels. An diesem geheimnisvollen Ort blies der Wind mit einem sanften Ton über den wilden Thymian und ich verlor mich in der abgelegenen Schönheit. Da bemerkte ich, dass mich aus etwa zehn Metern Entfernung eine Wesenheit anschaute. Sie war hoch gewachsen, von königlicher Haltung und unsagbar schön. Die silbern und weiß leuchtende Gestalt hielt in der Hand ein strahlendes Schwert. Segensströme durchflossen mein Sein. Ich weiß nicht, wie lange diese Vision anhielt, doch wohl lange genug, um meinen Geist mit Jubel zu erfüllen, der ihn immer noch frohlocken lässt."

H. T. Howard aus Nottingham schickte mir ebenfalls einen Bericht von einem erhabenen Engel, der ein Heiligtum hütet.

„Einige Kilometer von dem entzückenden kleinen Fischerdorf Craster entfernt liegt die einsame Ruine von Dunstanburgh Castle. Sie liegt am äußeren Ende eines großen, harfenförmigen Basaltlagers. Von Craster aus führt ein langer, sanfter Anstieg zu der südlichen Vorderseite mit dem großen Pfortenhaus in der südwestlichen Ecke. Die Westseite fällt steil zu den unterhalb liegenden Feldern ab. Die gekrümmte Nordseite wird von hohen, steilen Kliffs begrenzt, einem Nistplatz für unzählige Kormorane und Möwen. An der Ostseite zieht sich ein langer, niedriger Wall entlang, und dahinter neigt sich der Felsenstrand allmählich dem Meer zu.

In jenem umschlossenen Gebiet scheint es Elfen zu geben. Als ich mich diesem heiligen Ort nähere, erfüllen mich ein tiefer Friede und eine Ruhe, die mich nicht verlassen, solange ich dort verweile. Jedes Mal, wenn ich diese Stelle aufsuche, bleibe ich mehrere Stunden lang, manchmal an der Westseite, wo ich mich auf den Boden setze, die Stille genieße und dem im Winde flüsternden Gras lausche. Manchmal beobachte ich auch die am Nordkliff entlangsegelnden Möwen.

Als ich das erste Mal zu diesem Ort kam, bemerkte ich ein erhabenes Engelwesen. Ehrfürchtig bat ich um Hilfe auf meinem Lebenspfad. Augenblicklich verschwand jener zauberhafte Friede, und es wurde mir bewusst, dass ich einer sehr hochfrequenten Schwingung ausgesetzt war. (Als Okkultist sind mir die Anzeichen einer solchen Veränderung bekannt.) Ich blieb in diesem Schwingungsbereich, bis ich ein oder zwei Stunden später den Platz verließ und darum bat, wieder meinen ‚Normalzustand' erhalten zu dürfen.

Auf diese und andere Weise habe ich eine Art magisches Band zu dem Ort geschaffen, was einen besonderen Wert für mich besitzt. Wenn ich von ihm entfernt bin, scheint er mich beständig zurückzurufen. Aus diesem Grunde verbringe ich meine Sommerferien stets in Anwick, damit ich Dunstanburgh mehrmals besuchen kann. Wenn die Zeit dann vorüber ist, freue ich mich schon auf das kommende Jahr.
Ich habe jedoch festgestellt, dass ich jederzeit Kontakt zu diesem Ort aufnehmen kann, gleichgültig, wo ich mich gerade aufhalte. In Zeiten der Not ist es mir sogar möglich, mich mit dem Engel dieses Platzes in Verbindung zu setzen."

Esme Swainson aus Somerset hat die erhabenen Engelwesen gesehen, die sich um die Magnetzentren des Maiden Castle, der prähistorischen Hügelfestung in Dorset und dem Grabhügel von Glastonbury in Somerset kümmern.
Der Maiden-Castle-Engel ist über drei Meter groß und scheint ein Zepter zu halten. Der Zeichnung zu entnehmen, die sie anfertigte, erinnern die von seinem Haupte ausgehenden Kraftlinien an einen indianischen Federschmuck.
Der Engel bei dem Grabhügel schien Esme Swainson den Eindruck von Feuer und Sonnenkraft, von Gold und Rosa zu vermitteln.

„Es erinnerte mich an die Vorstellung vom hl. Michael", schrieb sie, „eher männlich als weiblich, falls es bei diesen Engeln überhaupt eine Geschlechtsrichtung gibt." Sie hat den Deva gesehen, der die Verantwortung für eine Heilgruppe trägt, und auch den „Engel der Gegenwart Christi" während der Messe. Ein Engelwesen, das sie bei einem besonderen Treffen sehr deutlich sehen konnte, besaß ein spitz zulaufendes Kinn und schräg stehende Augen, und die von seinem Haupt ausgehenden Kraftlinien vermittelten den Eindruck von Haaren.

Pauline Young aus Lancashire schrieb: „Ich lag friedlich in meinem Bett und betrachtete die Wand vor mir, als an der Zimmerdecke zwei Füße auftauchten und dann der gesamte Körper auf den Boden hinabzugleiten schien. Vor mir stand die Gestalt eines Engels, der weiblich zu sein schien, aber ich bin mir dessen nicht ganz sicher. Sie trug ein blassgraues Gewand und ihr nachtschwarzes Haar war kurz.
Sie schaute mich nicht an, sondern schien zu jemandem zu sprechen. Ihre wunderschönen Schwingen maßen über zwei Meter, im Gegensatz zu ihrer ungefähr anderthalb Meter großen Figur.
Ich saß nur da und betrachtete sie. Sie strahlte nicht, sondern sah sehr menschlich aus, abgesehen von den Flügeln natürlich. Nach einigen Minuten erhob sie sich und verschwand wieder durch die Zimmerdecke."

Engel der Musik

„Seit frühester Kindheit Musikstudentin", schrieb M. K. Thornley aus Cromwall, „bringt es diese Ausrichtung wohl mit sich, dass sich mir Schwingungen über den Klang in Form und Bedeutung interpretieren. Dies geschieht bisweilen vielleicht auf subjektiver Ebene, doch zu anderen Zeiten durch die tatsächliche Wahrnehmung von Dingen und Wesen von ‚außerhalb', die keinerlei Verbindung zu mir selbst besitzen. Das folgende Erlebnis ist es vielleicht wert, wiedergegeben zu werden. Während des Ersten Weltkriegs musste ich häufig Violine spielen, obwohl ich nie recht zufrieden mit meinen Vorträgen war, da meine Hände von den scharfen Chemikalien und der harten Arbeit im Krankenhaus rau geworden waren und ich zudem vorher nie genug üben konnte.

1915 brachte man mich irgendwo in eine Halle, wo ich vorspielen sollte. Beeindruckend war die schöne Sängerin, die mit klarer Stimme eine Osterhymne vortrug. Golden, wie durchsichtiger Bernstein, perlten die Töne von ihren Lippen. Ihr Gesang glich dem einer Instrumentalistin, jede einzelne Note ihrem Stellenwert zuordnend. Die Botschaft dieser Hymne schien aus ihrem Herzen hervorzuquellen, um sie allen Zuhörern zu übermitteln.

Die erste Strophe unter Begleitung eines Klaviers klang für mich wie ein Solo. Doch gegen Ende schienen weitere Stimmen harmonisch einzufallen, was sich in den nachfolgenden Strophen noch steigerte, wobei die Stimme der Sängerin klar die Führung übernahm, doch von einer zunehmenden Zahl anderer Stimmen begleitet zu werden schien. Diese unbeschreibliche Stimmharmonie schwoll zu einem unvergleichlich schönen Lobgesang an.
Der Gedanke ging mir natürlich durch den Kopf: ‚Gibt es denn hinter den Kulissen überhaupt Sänger, vielleicht einen unsichtbaren Chor?' Doch das konnte nicht der Fall sein, da ich selbst ja kurz zuvor hinter der Bühne gewesen war.
Schüchtern befragte ich meine Freundin neben mir, aber sie schüttelte nur den Kopf; sie hatte keine anderen Stimmen gehört. Ich kann es nicht erklären, aber ich bin unendlich dankbar, dass ich jene Schar himmlischer Sänger habe hören dürfen. Ich habe niemals dergleichen vorher oder nachher vernommen."

Emma S. King aus Australien berichtet, wie ein Engel und eine Gruppe von Elfen die bekannte Sängerin Marjorie Lawrence während eines Auftritts in der Stadthalle von Melbourne im August 1944 unterstützten. Die Künstlerin war bei einem Konzert in Mexiko City an Kinderlähmung erkrankt, inzwischen aber so weit wieder hergestellt, dass sie mit dem Flugzeug in ihrem Rollstuhl reisen konnte, um Konzerte in Lagern und Hospitälern zu geben. Bei dem Konzert, das Emma King besuchte, musste die Sängerin im Sitzen vortragen, da ihre Beine noch gelähmt waren.

„Als sie bereit war zu singen, blickte sie zu einem wundervollen ‚Engel der Musik' empor, der hoch über der Zuhörerschaft in der Mitte der Halle schwebte. Zwischen ihr und dieser Wesenheit bestand eine vollkommene Zusammenarbeit, und mit dem Herabströmen der Kraft erklang die erste Note. Als sie ihren Gesang beendet hatte, dankte sie dem Engel, bevor sie sich vor dem Publikum verbeugte.

Während der schwierigeren Stellen ihres Programms intensivierte sich dieses Band zwischen ihr und dem Engel, bis dieser bei ‚Brunhildes Lebewohl an Siegfried' immer näher an die Sängerin herantrat und schließlich vor ihr auf der Bühne schwebte und seine Kraft in die Künstlerin hineingoss, um die ihre zu vergrößern.

Während des ganzen Abends umkreiste eine Gruppe von Elfen die Knie der Sängerin und sandte ununterbrochen Energieströme in ihre Beine."

Im September 1935 besuchte Emma King ein Chorkonzert im Ausstellungsgebäude von Melbourne.

„Den Abschluss bildete das ‚Halleluja'. Ein riesiger Engel, der in weiß schillerndem Licht erstrahlte, erschien unterhalb der Kuppel, und als die Musik ihren Höhe-

punkt erreichte, bildeten kleinere Engel einen Kreis unter dem äußeren Kuppelrand. Das Licht, das von ihnen ausging und einem weißen Feuer glich, senkte sich segnend auf die Zuhörer."
Emma King hatte das Empfinden, etwas erlebt zu haben, das Händel selbst einmal empfunden haben musste, wenn er zu seinem Diener sagte: „Ich glaubte, den gesamten Himmel vor mir zu sehen und den erhabenen Gott selbst."

Flower A. Newhouse schrieb in ihrem Buch „Engel und Devas", dass wir an hohen Festtagen versuchen sollten, Händels „Halleluja" anzuhören. „Jedes Mal, wenn diese Musik erklingt, stimmen die Engel der Astral- und Mentalwelt in den Gesang mit ein, und ihre Begleitung klingt tausendmal frohlockender und triumphierender als der Menschengesang."
Sie erwähnte auch, dass das Gebet der Kinder in Humperdincks „Hänsel und Gretel" von den Gesängen der Schutzengel inspiriert worden war.

Clara M. Codd erzählte mir, dass ihre Schwester gelegentlich „Sphärenmusik" hören konnte. „Ich fragte meine Schwester nach dem Unterschied zwischen der Musik der Engel und derjenigen der Menschen. Sie meinte, dass man in unserer Musik immer die Instrumente und die menschliche Stimme vernehmen könne und sie in ganzen oder halben Noten vorgetragen würde, wohingegen die Musik der Engel wie ein flüssiger Ton aus ihrem ganzen Sein zu strömen schien. Ich lauschte einmal einem ungarischen Zigeuner, der in dieser Weise spielte, mit Intervallen, die der üblichen Musik fremd sind. Ich glaube, die Musik der Natur gleicht dem Wind in den Bäumen."

KAPITEL 11

Flower A. Newhouse

Die Hilfe der Engel für unverbesserliche Seelen

Wir wollen unsere Betrachtungen der Wunder und Mysterien des Reiches der Engel erweitern, indem wir uns ihm von einer anderen Richtung her nähern. In diesem Kapitel wollen wir uns mit Diensten der Engel beschäftigen, die voller Vertrauen und in liebendem Bemühen zum Wohle von unverbesserlichen Menschen vernichtet werden. Dazu ist es wesentlich, zu verstehen, wie das Leben jener verläuft, die extrem vom eigenen Willen geprägt sind und vielfältige Arten von Herausforderungen für Menschen heraufbeschwören, die sich auf gesunde Weise fortentwickeln. Wie schon aufgezeigt, liegt der Hauptunterschied zwischen der Evolution der Engel und Menschen in der Art und Weise der Entwicklung. Engel reifen über ihre „Arbeit". Menschen nähern sich Gott durch die „Selbstüberwindung". Je mehr Arbeit Engel erfolgreich abschließen, umso eher bereiten sie sich auf eine höhere Einweihungsstufe vor.

Eine interessante Gruppe himmlischer Helfer ist jene der Amenlee. Sie sind einzigartig, da sie sich ausschließlich um die „Unverbesserlichen" kümmern. Die Amenlee gehören zu den „Engeln des Schicksals" und stehen im Rang eines Schutzengels. Die meisten Menschen, die sich normal fortentwickeln, erhalten neue Anregungen durch eine Gruppe der „Engel des Schicksals“, die von dem Imli angeführt wird. Dabei ist oftmals ein Kampf zwischen den niederen und höheren Kräften im eigenen Selbst auszufechten. Hilfe wird uns dabei durch jene Schar von Engeln zuteil, die mit den Imli in Verbindung gesetzt werden, indem uns durch sie zu solchen Zeiten unser eigenes Inneres offenbart wird. Doch gibt es tragische Ausnahmen vom normalen Entwicklungsweg. Sie finden sich bei jenen, die Eigenschaften besitzen, die zerstörerisch auf die Natur und nachteilig auf sie selbst und andere wirken.

Nachdem ein Schutzengel und ein Remliel jene umherirrenden Individuen beobachtet haben, ziehen sie, falls sie diese normalen spirituellen Einflüsse gegenüber abweisend vorfanden, einen Amenlee hinzu. Ein Mensch, der an hochmütigem Stolz krankt, wird von einem Amenlee betreut, der diesen Fall auf jeder Ebene, auf der er wirkt, aufgreift. Nachdem eine vollständige Prüfung der Vergangenheit dieses Menschen vollzogen wurde, die eine Betrachtung seiner Tugenden und seiner Schwächen beinhaltete, wird auf verschiedenen Wegen auf seinen pervertierten Willen Einfluss genommen. Ein Amenlee mag den Rebellen der Gesellschaft spiritueller, starker Seelen oder heilsam wirkender normaler Menschen zuführen, deren Wille auf das Gute ge-

richtet ist. Die benötigte Zeit zur Erforschung einer solchen Seele variiert verständlicherweise von Mensch zu Mensch. Jene, die zerstörerische und auf das eigene Ich ausgerichtete Gewohnheiten angenommen haben, deren Naturell jedoch im Grunde unverdorben und offen ist, ändern sich oftmals schon durch das reine Beispiel. Verharrt ein Mensch unter diesen ersten Einwirkungen unbewegt und unbeeindruckt, mag der Amenlee ihn mit Lehrern kraftvollen Energiepotentials oder ungewöhnlicher Spiritualität vertraut machen. Ergibt sich daraus eine unvorteilhafte Reaktion, werden völlig neue und oftmals aufrüttelnde Ereignisse von grundlegender Bedeutung vorbereitet. Damit ist die Hoffnung verknüpft, dass diese neuen Faktoren, im Kontrast zu der alten Situation, dem Menschen zu konstruktiven Bemühungen und einer verbesserten Einstellung verhelfen.
In schwierigen Fällen vermögen nur Prüfungen der einschneidendsten Form eine sich widersetzende Seele zum Wandel zu bewegen. Nach einer Welle wird der Amenlee sich erneut mit der Seele beschäftigen, um zu prüfen, wie tief sein Schützling auf den inneren Ebenen durch die schweren, demütigenden und leidbringenden Erfahrungen angerührt wurde. Manchmal fügen sich Rebellen, die ernsthaften Prüfungen ausgesetzt werden und sich vordem unbeeindruckt anderen Maßnahmen gegenüber zeigten, in die dringende Notwendigkeit der Hingabe des eigenen Selbst.

Jene, die ausgesprochen unempfindlich auf die Einwirkungen der Engel reagieren, befinden sich in einer sehr misslichen Lage. Ein Engel, der eine Lebensspanne oder länger darum gekämpft hat, die Seele eines Menschen aus dem Abgrund der Sinnlosigkeit oder Kriminalität herauszureißen, mag erkennen müssen, dass eben diese Seele – aufgrund ihrer Verstocktheit – unerschütterlich den Weg der unmenschlichen, dämonischen Intelligenzen wählt. In einem solchen Fall wird der Amenlee fortgeschrittenere und erfahrenere Engel aus seinen Reihen hinzuziehen, damit diese seine Arbeit unterstützen, und neue Wege zur Wandlung in Erwägung ziehen. Oftmals ist es für den höher gestellten Amenlee sinnvoller, sich selbst des Menschen anzunehmen und erneut zu versuchen, diesen aufzuwecken. Viele der Therapien, die der erste Amenlee bereits ausführte, mag der andere noch einmal wiederholen und dabei in gewissen Abständen Neues dazwischenstreuen. Manchmal bewirkt allein der Austausch des himmlischen Helfers, dass der Mensch etwas Ungekanntes erspürt und so, bis zu einer gewissen Grenze, ein Interesse für die Vorgänge um sich herum entwickelt.

Es gibt Individuen, die derart unempfindlich, unmenschlich und nur auf sich selbst fixiert sind, dass der zweite Amenlee, der sich um die Gesundung des Rebellen bemüht, sich an einen Erzengel wenden muss, der den Helfern des Großen Streiters, des Erzengels Michael, angehört, um so deren weitergehende Kräfte zu erbitten. Erzengel, die mit dem Bösen kämpfen, mögen der Hilfe der Imli bedürfen. Die Imli wiederum mögen sich an die übergeordneten Mächte in der Engelevolution wenden, um den zu behandelnden Fall zu überschauen und einen Rat, die bestmögliche Hilfe betreffend, zu geben.

Nur eine verschwindende Zahl Menschen zeigt sich unempfindlich gegenüber allen Versuchen, vom Schutzengel angefangen bis zu den strahlenden Mächten. Eine solche Seele, die den zahlreichen Helfern gegenüber, die ihm gesandt wurden, vollständig unbeweglich und abgewandt verharrt, wird schließlich aus der Sorge der Engel entlassen, die sich um die Befreiung der Menschheit kümmern. Eine ganz andere Wesenheit wird nun bemüht. Dieser Geist der Anmut und Gnade braucht nicht gerufen zu werden, denn Er ist immer bereit und willig, die Verantwortung für einen dieser tragischen Fälle zu übernehmen. Für die Betroffenen handelt es sich um die letzte Instanz. Durch diesen himmlischen Helfer wird ihnen ein selbstloser Dienst zuteil, der auf eine wunderbare Weise das gesamte Wahrnehmungsvermögen und Verstehen eines Menschen umwandelt. In diesem letzten Bemühen, jenem Verirrten zu helfen, nehmen himmlische Wesenheiten in unvorstellbarem Erbarmen einen Teil der Verantwortung für dessen Evolution auf sich und helfen so dem Unverbesserlichen auf eine Art, die seine Verdienste und auch seinen eigenen Willen weit übersteigt. Bei jenen menschlichen Rebellen haben wir es mit den traurigen Wesen zu tun, die sich auf die Grenze zwischen zwei Welten zubewegen – der menschlichen und der dämonischen. Sie erscheinen wie Kreaturen, die bar menschlicher Gefühle und deren einzige Regungen sadistisch oder dämonisch sind, da sie sich dem Zustand inhumaner Intelligenz nähern. Doch nur selten werden diese Seelen nicht durch die sie umgebende zarte und erbarmungsvolle Liebe gerettet. Die verhältnismäßig wenigen unglücklichen Individuen, die sich in die Reihen der destruktiven Evolutionslinie eingegliedert haben, zeigten sich dem menschlichen Entwicklungspfad gegenüber, dem Weg der freiwilligen Hingabe des Selbst an die Ewige Gottheit, fremd und untauglich.

KAPITEL 12

Fallbeispiele

Die vorstehenden Kapitel enthielten bereits eine Fülle an Einzelbeispielen, die aufzeigten, wie Engel in das Leben von Menschen eingreifen. Zum Abschluss sollen hier noch einmal drei Fälle geschildert werden, die exemplarisch belegen, auf welche Art und Weise die lichten Helfer der Menschheit ihren Erdengeschwistern zur Seite stehen.

Der Engel der Heilung
von Geoffrey Hodson

Zum Dienst des Cornwall-Park-Deva gehört die Hilfe für die Patienten des Green Lane Hospitals und deren Besucher. Auch beobachtete ich, dass der Intellekt genügend verantwortungsbewusster Ärzte manchmal geführt wird, und zwar dergestalt, dass sie dazu neigen, auf instinktive Ideen zu reagieren, vor allem, wenn es sich um etwas Unerklärbares im Zustand des Patienten handelt. Das widerfährt gelegentlich auch Oberinnen und Krankenschwestern, die, ohne es zu bemerken, intuitive Eingebungen erhalten, welche, ihnen selbst nicht bewusst, besondere Behandlungsmethoden und erhöhte Sorgfalt bewirken.

Eine völlig andere Engelgruppe ist mit Operationen, Genesung und Wundheilung beschäftigt. Diese Engel haben nur eine geringe Verwandtschaft, wenn überhaupt, mit den Erzengeln der Natur. Ihr Beitrag besteht neben der Wundheilung im Aufbau von Organen, dem Gehirn und den Nerven, im Vereinigen und Gestalten nicht physischer Energien, besonders höherer und niederer mentaler sowie astraler, wobei die ätherischen Auswirkungen eine ganz natürliche Folgeerscheinung sind. Ich bemerke einen erhabenen Heil-Engel, der einem bestimmten Wärter beisteht, in unmittelbarer und sehr persönlicher Form, soweit es das Gesetz des Karma zulässt; denn dieses Gesetz spielt selbstverständlich eine vorrangige, ja entscheidende Rolle in Heilungsprozessen und deren Auswirkungen.

Ein außergewöhnlich schöner Erzengel, der mit dem Deva des Cornwall Parks zusammenarbeitet, überwacht sämtliche Funktionen der Devas und sogar der Naturgeister im Hospital. Beistand wird überall dort gewährt, wo es zulässig und ratsam ist. Diese Hilfeleistung hat teilweise die Form von Gedankenströmen, etwas bei zellbildenden Energien, und von spirituellen sowie höheren mentalen Kraftlinien, die in den Körpern der leidenden Menschen aufwallen oder auf sie hinabsteigen, manchmal in ziemlich schmalen Banden äußerst konzentrierter Energie.

Jeder einzelne Patient, jeder Leidende, erfährt derartige Hilfe, wobei die Formen höchst zahlreich sind. Jene, die in Unfälle oder sonstige plötzliche Ereignisse verwickelt sind, werden unverzüglich aufgesucht und jeder nur mögliche sowie karmisch vertretbare Beistand von Seiten des Deva oder Naturgeistes geleistet. Eine enge Verständigung und Zusammenarbeit besteht unaufhörlich zwischen den beiden führenden Devas, dem Cornwall-Park-Deva und dem Green-Lane-Hospital-Deva. Über beiden, jedoch verbunden mit ihnen, steht ein noch erhabeneres Wesen. Es scheint entweder ein Repräsentant des Deva von North Island oder gesamt Neuseeland zu sein, ich glaube des Ersteren.

Außerdem, so geheimnisvoll es auch klingen mag, nimmt ein Erzengel, der mit dem Tasmanischen Meer und bestimmten anderen, sehr erhabenen supramentalen Devas in Verbindung steht, an der Evolution und den Erfahrungen der Menschenlinie in Neuseeland teil, was zweifellos ebenso für die Meere der Ostküste gilt, denn auf diesen Ebenen sind Teilgebiete von Reichen und Ländern wenig bedeutsam, da alles Leben als das untrennbare Eine erkannt wird.

Hier zeigt sich deutlich, welche Aufgabenteilung im Reich der Engel vorgenommen wird. Es zieht sich eine „Goldene Kette" von der zartesten Elfe bis zum höchsten Erzengel; und im Rahmen dieser Verbindungen steht auch der Dienst der Engel an den Menschen.

Der Fromme

Gerd Schimansky

Ein deutscher Soldat befand sich mit einer Kampfgruppe auf dem Rückzug aus Russland. Dabei war er in ein unwegsames Sumpfgelände geraten, als Folgendes geschah:
„Wir waren auf eine Art Insel gelangt, von der aus wir nicht weiterkommen konnten, da sich kein Weg finden ließ, der durch den Sumpf hindurchgeführt hätte. Die Russen hatten uns inzwischen entdeckt und ihre Flieger bewarfen uns unaufhörlich mit Bomben. Die Lage war völlig aussichtslos und wir sahen den Tod vor Augen.
Nun befand sich in unserer Truppe ein Soldat, der den Spitznamen ‚Der Fromme' trug. Der Führer unserer

Kampfgruppe sagte zu ihm in spöttischem Ton: ‚Jetzt ist doch nichts mehr zu machen! Jetzt können Sie ruhig beten!'

Die Kameraden lachten, aber der Fromme ließ sich nicht mehr stören, ging einige Schritte abseits, kniete an einem Gebüsch nieder und begann zu beten. Da trat plötzlich ein ‚Feldgrauer' zu ihm, den er nicht kannte, und sagte: ‚Ich werde euch herausführen. Ich kenne den Weg hier.'

Der Fromme ging zum Hauptmann und sagte ihm, der Feldgraue wolle sie durch den Sumpf führen. Die anderen Soldaten waren inzwischen verstummt und alle folgten dem unbekannten Führer. Er brachte uns auf sicheren Wegen bis dahin, wo wir wieder festen Boden unter den Füßen hatten. Dort angekommen, wollte der Hauptmann den Unbekannten sprechen. Aber dieser war spurlos verschwunden."

Es gibt, gerade aus Kriegserfahrungen, eine Fülle solcher und ähnlicher Berichte. Auch die Figur des „Frommen" ist keine Seltenheit. Immer wieder waren es einzelne, tief religiöse Menschen, die offensichtlich die Verbindung zwischen dem Menschenreich und der Engelwelt herzustellen vermochten. Man denkt unwillkürlich an den Satz von dem einen Gerechten, um dessentwillen viele verschont bleiben!

Die unbekannte Frau
CBS-Nachrichten

Ein Professor und seine Frau fuhren während eines Urlaubs durch die schöne Landschaft des Nordwestens der USA. Plötzlich sahen sie eine Frau neben der Straße stehen, die so aussah, als könnte sie Hilfe gebrauchen. Sie hielten an, um sie mitzunehmen. Die Frau hinterließ bei ihnen einen außergewöhnlich gebildeten Eindruck und strahlte großen Frieden und geistige Autorität aus. Sie unterhielten sich mit ihr über den Ausbruch des Vulkans auf dem Mount St. Helena und über zahlreiche andere Naturkatastrophen, die sich in letzter Zeit ereignet hatten.
„Man könnte meinen, dies seien Vorzeichen für die Wiederkunft von Jesus Christus", meinte der Professor.
„Das könnte eher geschehen, als Sie denken", erwiderte die Frau – und war von einer Sekunde zur anderen verschwunden. Das Ehepaar war so schockiert, dass sie ihren eigenen Sinnen nicht mehr trauen wollten. Sie hielten an, stiegen aus und suchten die Straße und die Umgebung ab, aber von der Frau war nichts mehr zu sehen. Als sie in die nächste Stadt kamen, beschlossen sie, den Vorfall in der lokalen Polizeistation zu melden. Der Professor schilderte mit noch aufgeregter Stimme dem diensthabenden Polizisten das gerade Erlebte. Als er sei-

nen Bericht abgeschlossen hatte, blickte dieser auf und sagte: „Nun will ich Ihnen etwas Eigenartiges erzählen. Sie sind schon der siebte Autofahrer, der mir innerhalb der letzten vierundzwanzig Stunden die gleiche Geschichte erzählt hat!"

Das Faszinierende an dieser Begebenheit ist die Gleichartigkeit des Erlebten von sieben verschiedenen Beteiligten, die sich weder kannten noch irgendetwas miteinander zu tun hatten. Ihnen allen war nur eines gemeinsam: Ein Wesen aus einer höheren Welt war ihnen begegnet, um ihnen Mut zu machen und Hoffnung zu schenken. Vor allem aber, um ihnen zu beweisen, dass es mehr Dinge zwischen Himmel und Erde gibt, als der „gesunde Menschenverstand" zu glauben geneigt sein mag.

Wer sich jedoch ein reines Herz zu bewahren vermag, der wird in seinem Leben selbst einmal erleben, dass niemand wirklich allein ist. Jeder Mensch besitzt zumindest einen treuen Begleiter – seinen Schutzengel!

Empfehlenswerte Schutzengel-Bücher

Johnson, Marjorie – Erlebnisse mit Elfen und Zwergen
Maclean, Dorothy – Du kannst mit Engeln sprechen
Michel, Peter – Das große Buch der Engel
Newhouse, Flower A. – Die Engel der Natur
Dies. – Engel und Devas
Dies. – Lichtwesen
Dies. – Im Reich der Erzengel
Smith, Robert C. – Schutzengel und Heilengel
Stolp, Hans – Mit Engeln leben
White Eagle – Das White-Eagle-Engel-Buch
Ders. – Naturgeister und Engel